Recht für Medienberufe

Clemens Kaesler

Recht für Medienberufe

Kompaktes Wissen zu allen rechtstypischen Fragen

4., ergänzte Auflage

Clemens Kaesler
Frankenthal
Deutschland

ISBN 978-3-658-14199-8 ISBN 978-3-658-14200-1 (eBook)
DOI 10.1007/978-3-658-14200-1

Die Deutsche Nationalbibliothek verzeichnet diese Publikation in der Deutschen Nationalbibliografie; detaillierte bibliografische Daten sind im Internet über http://dnb.d-nb.de abrufbar.

Springer Vieweg

Gedruckt auf säurefreiem und chlorfrei gebleichtem Papier

Springer Vieweg ist Teil von Springer Nature
Die eingetragene Gesellschaft ist Springer Fachmedien Wiesbaden GmbH
Die Anschrift der Gesellschaft ist: Abraham-Lincoln-Strasse 46, 65189 Wiesbaden, Germany

Vorwort

Zum Inhalt: Kaum eine andere Branche lebt so von der geistigen Schaffenskraft ihrer Mitarbeiter wie die Medienbranche. Der Schutz des geistigen Eigentums ist einer der wichtigsten Grundpfeiler für Wachstum und Fortschritt von Medienunternehmen. Eine wichtige Komponente ist dabei, dass die kreativ Schaffenden genaue Kenntnis von den rechtlichen Rahmenbedingungen ihrer Branche haben.

Das Buch greift in seiner Konzeption die wesentlichen medienrechtlichen Elemente aus den Lehrplänen des Medienassistenten und des Medientechnikers auf. Es ist in der Breite jedoch so angelegt, dass sämtliche Medienberufe mit dem grundlegenden juristischen Rüstzeug ausgestattet werden, um in ihrem Beruf kompetent zu bestehen. Die zweite Auflage wurde um die Neuerungen des Telemediengesetzes ergänzt. Zudem wurde aufgrund der hohen Bedeutung für die Medienbranche, die Werbung im Internet noch stärker auf die heutige Rechtslage (z. B. Urteil zu Exit-Pop-Ups) etc. hin differenziert. Auch Hacking als Straftatbestand oder die Rechtslage zum Word-Stuffing bei der Konzeption von Internetseiten wurde aufgenommen, um eine breite Wissensbasis für Medienschaffende zu liefern.

In der dritten Auflage des Buches wurde noch zusätzlich auf die aktuellen Rechtsfragen eingegangen, die sich für Medienschaffende in Bezug auf die Sozialen Netzwerke stellen (z. B. Impressumspflicht bei Facebook etc.). Die nun vorliegende vierte Auflage ist erweitert um Aspekte des Social Media Managements, das für Unternehmen immer wichtiger wird und das bereits in einem eigenen Berufsbild mündete. Eine Aufgabe, die gerade in kleineren und mittleren Unternehmen eine Schnittmenge zu den Aufgabenbereichen der Web- und Mediendesigner hat.

Zur Arbeit mit dem Buch: Im Text sind die relevanten Paragrafen in ihrer vollen Textlänge dargestellt. Dies soll Ihnen im „Ernstfall" die lange Suche nach dem Originalwortlaut der Paragrafen ersparen. Sie bekommen zudem Übung im Lesen von Gesetzestexten und in der juristischen Denkweise. Jedem Kapitel folgen Übungsfälle zur Lernkontrolle. Sie sollen helfen, das Gelernte auf Fälle anzuwenden und für den Berufsalltag zu flexibilisieren.

Für Anregungen und Kritik bin ich Ihnen dankbar (**info@unterricht-kaesler.de**).

Frankenthal, Deutschland
im Juni 2016

Clemens Kaesler

Inhaltsverzeichnis

1 Vertragsrecht

1.1 Wie kommen Verträge zustande?

Im Alltag schließen Sie tagtäglich vielerlei Verträge ab, z. B. wenn Sie zum Bäcker gehen und Brötchen kaufen (→ Kaufvertrag), wenn Sie sich beim Friseur die Haare schneiden lassen (→ Dienstvertrag) oder wenn Sie sich in der Stadtbücherei ein Buch ausleihen (→ Leihvertrag). Verträge können auch mündlich oder durch ein bestimmtes Verhalten zustande kommen.

Verträge werden geschlossen, wenn zwei übereinstimmende Willenserklärungen vorliegen. Sie gehen zum Bäcker und erklären diesem, dass Sie Brötchen kaufen möchten (1. Willensklärung), der Bäcker möchte natürlich die Brötchen verkaufen und gibt sie ihnen (2. Willenserklärung). Die 1. Willenserklärung nennt man Antrag (zum Schließen eines Vertrages), die 2. Willenserklärung nennt man Annahme (des Antrages). Die Willenserklärung kann mündlich, schriftlich, aber auch durch konkludentes (schlüssiges) Verhalten geäußert werden und führt dadurch zum Vertragsabschluss.

Beispiel

Die Web-Profi GmbH steht in Verhandlungen mit der Auto AG, um deren Internetauftritt zu erstellen. Nach einigen Vorgesprächen sendet die Auto AG Bilder und Dokumente an die Web-Profi GmbH ohne weiteren Kommentar. Web-Profi kann nun durch das Verhalten der Auto AG davon ausgehen, dass der Vertrag zustande kam und sie nun mit der Erstellung der Seite beauftragt ist.

Alltägliche Verträge (wie z. B. der Kaufvertrag beim Kauf von Brötchen) kommen durch mündliche Übereinkunft zustande und bedürfen nicht der Schriftform. Für den Medienbereich gilt jedoch, dass weitreichende Verträge (z. B. über die Erstellung eines Internetauftrittes) schriftlich festgehalten werden sollten. In solchen Verträgen ist es auch ratsam, sämtliche Konsequenzen aus dem Vertrag detailliert zu regeln.

C. Kaesler, *Recht für Medienberufe*,
DOI 10.1007/978-3-658-14200-1_1

Für Verträge gilt das Prinzip der Vertragsfreiheit. Das heißt allerdings nicht, dass über alles und mit jedem Verträge geschlossen werden können. Die Vertragsfreiheit stößt an Grenzen, wo es zu starken Benachteiligungen kommen kann. Dies wird durch das Vertragsrecht geregelt. Grundlage des Vertragsrechtes ist das Bürgerliche Gesetzbuch (BGB), wobei für bestimmte Gruppen (z. B. Kaufleute) zusätzlich gesonderte Gesetze gelten (z. B. Handelsgesetzbuch [HGB]). Das Vertragsrecht grenzt die Vertragsfreiheit ein, so dürfen z. B. keine größeren Verträge mit Minderjährigen geschlossen werden.[1] Das zwingende Recht kann durch einen Vertrag nicht übergangen werden. Grundlage für das Vertragsrecht ist das Bürgerliche Gesetzbuch (BGB). Zwingendes Recht, das von allen Verträgen einzuhalten ist, ist z. B.:

§ 134 BGB
Gesetzliches Verbot

Ein Rechtsgeschäft, das gegen ein gesetzliches Verbot verstößt, ist nichtig, wenn sich nicht aus dem Gesetz ein anderes ergibt.

Beispiel

U kauft wissentlich bei V raubkopierte Software. Es kommt kein Kaufvertrag zustande aus dem Ansprüche geltend gemacht werden könnten (z. B. wenn die Software defekt ist). U kann auch nicht Eigentümer der Raubkopie werden.

§ 138 BGB
Sittenwidriges Rechtsgeschäft; Wucher

(1) Ein Rechtsgeschäft, das gegen die guten Sitten verstößt, ist nichtig.

(2) Nichtig ist insbesondere ein Rechtsgeschäft, durch das jemand unter Ausbeutung der Zwangslage, der Unerfahrenheit, des Mangels an Urteilsvermögen oder der erheblichen Willensschwäche eines anderen sich oder einem Dritten für eine Leistung Vermögensvorteile versprechen oder gewähren lässt, die in einem auffälligen Missverhältnis zu der Leistung stehen.

Wird ein Rechtsgeschäft durch ein bestimmtes Kriterium für nichtig erklärt, so ist es so, als wäre das Rechtsgeschäft überhaupt nicht zustande gekommen.

[1] Vertragsschluss mit Minderjährigen ist nur möglich, wenn diese zwischen 7 und 18 Jahre alt sind und das Geschäft unter den § 110 BGB (Taschengeldparagraf) fällt.

1.1.1 Was muss ich bei der Erstellung von Angeboten beachten?

In der Medienbranche herrscht ein harter Wettbewerb. Schnell wird am Telefon eine Zusage gemacht oder ein Angebot überhastet hinausgeschickt, um in den engeren Auswahlkreis für ein Projekt zu kommen. Doch in der Hektik des Medienalltags sollte nicht vergessen werden: Wenn ein Unternehmen ein Angebot macht, so ist es daran gebunden! Nimmt der Kunde das Angebot an, so kommt der Vertrag zustande und ist damit rechtsverbindlich.

§ 145 BGB
Bindung an den Antrag
Wer einem anderen die Schließung eines Vertrags anträgt, ist an den Antrag gebunden, es sei denn, dass er die Gebundenheit ausgeschlossen hat.

Die Bindung an das Angebot kann allerdings im Angebotsschreiben durch entsprechende Formulierungen ausgeschlossen werden (z. B. „unverbindliches Angebot", „freibleibend", „nur solange Vorrat reicht" etc.).

Ein Angebot erlischt, wenn es abgelehnt wird oder wenn die **Annahmefrist abgelaufen** ist. Ein Angebot unter Anwesenden kann lt. Gesetz immer nur sofort angenommen werden (§ 147 BGB), dies gilt auch für Angebote am Telefon. Ein Angebot unter Abwesenden (z. B. mittels eines Angebotsschreibens per Post) kann nur innerhalb der Frist angenommen werden, in welcher „der Antragende den Eingang der Antwort unter regelmäßigen Umständen erwarten darf" (§ 147 (2) BGB). Eine E-Mail an ein Unternehmen gilt während der Geschäftszeiten am Tag des Eingangs in der Mailbox als zugegangen. Erfolgt der Eingang nach Geschäftsschluss, gilt der Zugang spätestens am darauf folgenden (Werk-)Tag als erfolgt. Man erwartet heutzutage, dass im Geschäftsleben jeder einmal täglich seine E-Mailbox abruft. Dies gilt allerdings nur für Geschäftsleute, die auch mit einer E-Mail-Adresse werben und eine E-Mail-Adresse auf ihren Geschäftsbriefen führen. Somit hat ein Angebot per E-Mail in der Regel eine Gültigkeitsdauer von zwei Tagen. Dies kann jedoch auch davon abhängen, zu welchem Vertragsgegenstand das Angebot gemacht wird und wie lange die Gegenseite für die Prüfung des Angebotes normalerweise benötigt, bevor sie dieses annimmt.

Hat der Anbieter (Antragende) eine Frist bestimmt, so kann die Annahme nur innerhalb der Frist erfolgen (vgl. § 148 BGB). Wird das Angebot nach der Frist angenommen, so gilt die Annahme als neues Angebot. Nun liegt es an dem „früheren" Anbieter, ob der Vertrag zustande kommt oder nicht (vgl. § 150 BGB).

Beispiel

Die Design KG macht dem Modehaus Meier ein Angebot zum Design eines Werbekatalogs. Der Entwurf des Designs wird zu einem Preis von 5000,- € angeboten.

Das Angebotsschreiben enthält eine Annahmefrist von 10 Tagen. Der Inhaber des Modehauses, Ludger Meier, kommt allerdings erst später aus dem Urlaub zurück. Nach 20 Tagen möchte er das Angebot annehmen. Die Design KG hat aber mittlerweile einen Kalkulationsfehler entdeckt und ist nun an einem Zustandekommen des Vertrages zu diesem Preis nicht mehr interessiert. Die verspätete Annahme von Meier gilt als neues Angebot an die Design KG, was diese ablehnen kann.

Das Gleiche gilt, wenn das Angebot angenommen wird, der Vertragspartner bei der Annahme jedoch ein paar Punkte des Angebotes abändern möchte. Dann gilt die Annahme als neues Angebot gegenüber dem früheren Antragenden (§ 150 (2) BGB).

Wie verhält es sich nun, wenn **im Angebot aus Versehen falsche Angaben** gemacht worden sind und ausgerechnet dieses Angebot nun von der Gegenseite angenommen wird?

Beispiel

Die Design KG erstellt für das Modehaus Meier ein Angebot zum Entwurf des Layouts eines Werbekatalogs. Im Angebotsschreiben schleicht sich ein Tippfehler ein. Das Layout wird für 500,- € anstatt des richtigen Preises von 5000,- € angeboten. Meier ist über das günstige Angebot sehr erfreut und nimmt es telefonisch an. Erst drei Tage später wird der Fehler bei der Design KG entdeckt.

Wird ein Vertrag aufgrund eines Irrtums geschlossen, so hat das BGB hierfür Möglichkeiten vorgesehen. Der Vertragspartner, der den Irrtum zu vertreten hat, kann den Vertrag anfechten:

§ 119 BGB
Anfechtbarkeit wegen Irrtums

(1) Wer bei der Abgabe einer Willenserklärung über deren Inhalt im Irrtum war oder eine Erklärung dieses Inhalts überhaupt nicht abgeben wollte, kann die Erklärung anfechten, wenn anzunehmen ist, dass er sie bei Kenntnis der Sachlage und bei verständiger Würdigung des Falles nicht abgegeben haben würde.

(...)

Das Gleiche gilt, wenn der Irrtum durch eine falsche Übermittlung zustande gekommen ist (§ 120 BGB). Eine berechtigte Anfechtung führt dazu, dass der Vertrag rückwirkend ungültig wird. Die Anfechtung hat unverzüglich nach Kenntniserlangung über den Irrtum zu erfolgen (§ 121 BGB). Der Anfechtende muss jedoch für den Schaden, der beim Vertragspartner entstand, aufkommen (§ 122 BGB).

Beispiel

Die Druckerei Schmitt OHG bestellt per Internet Papierrollen beim Papiergroßhändler. Einkäufer Meier ordert aufgrund eines Tippfehlers 500 Papierrollen statt der gewünschten 50 St. Der Großhändler liefert am nächsten Tag mit einem LKW die Bestellung. Nachdem der Irrtum aufgeklärt ist und der Kaufvertrag angefochten wurde, muss die Druckerei für die Zusatzkosten des Großhändlers (z. B. größerer LKW etc.) aufkommen.

Eine Fehlkalkulation gilt allerdings nicht als Irrtum im Sinne von § 119 BGB. Bemerkt ein Vertragspartner, dass er das Angebot zu niedrig kalkuliert hat, kann er den Vertrag aufgrund dieses Irrtums nicht anfechten (sog. Motivirrtum).

1.1.2 Was ist bei der Verwendung Allgemeiner Geschäftsbedingungen zu beachten?

1.1.2.1 Grundlagen

Allgemeine Geschäftsbedingungen (AGB) sind vom Unternehmen vorformulierte Bedingungen, die für die gewöhnlichen Verträge gelten. AGB erleichtern den Vertragsabschluss, da nicht bei jedem Vertragsschluss über bestimmte Punkte neu verhandelt werden muss. Natürlich kann der Unternehmer selbst von seinen AGB abweichen und mit einem Kunden andere Bedingungen vereinbaren, dann haben allerdings nur diese für den Vertrag Gültigkeit, der Unternehmer kann sich danach nicht mehr auf seine AGB berufen:

§ 305b BGB
Vorrang der Individualabrede
Individuelle Vertragsabreden haben Vorrang vor Allgemeinen Geschäftsbedingungen.

Jeder Unternehmer wird seine AGB natürlich so formulieren, dass sie für ihn von Vorteil sind. Aus diesem Grund hat der Gesetzgeber mehrere Gesetze (§§ 305 – 310 BGB) erlassen, die bei der Verwendung von AGB zu beachten sind. Der Gesetzgeber möchte damit verhindern, dass mit AGB der Verbraucher unangemessen benachteiligt wird.

1.1.2.2 AGB beim Vertragsschluss mit Verbrauchern

Kommt es zum Vertragsschluss mit einem Verbraucher, so werden die AGB nicht automatisch Vertragsbestandteil. Das Unternehmen (der sog. Verwender der AGB), muss auf die Bedingungen nämlich deutlich hinweisen. Bei vielen Rechtsgeschäften wäre es jedoch sehr umständlich, wenn der Kunde jedes Mal auf die AGB hingewiesen werden müsste (z. B. beim Kauf in einem Supermarkt). Deshalb steht es in diesen Fällen dem ausdrücklichen Hinweis gleich, wenn die AGB an einem deutlich sichtbaren Ort ausgehängt werden (§ 305 (2) BGB).

Für das Zustandekommen des Vertrages ist Voraussetzung, dass der Vertragspartner den AGBs zustimmt. Da man im Allgemeinen davon ausgeht, dass Verbraucher die AGB nicht lesen, gilt, dass überraschende und mehrdeutige Klauseln nicht Vertragsbestandteil werden (§ 305c BGB). Zudem darf der Vertragspartner über die AGB nicht unangemessen benachteiligt werden (§ 307 BGB). Weiterhin gibt es die sog. Klauselverbote mit Wertungsmöglichkeit (§ 308 BGB) und ohne Wertungsmöglichkeit (§ 309 BGB). So kann der Verwender in den AGB nicht unangemessen lange Fristen für die Erbringung seiner Leistung vorbehalten.

Beispiel

Ein Online-Shop liefert gewöhnliches Computerzubehör. In seinen AGB steht: „Unsere Lieferzeit für alle unsere Produkte kann bis zu vier Monate betragen." Ein solche allgemeine Geschäftsbedingung wäre ein Verstoß gegen § 308 BGB und damit unrechtmäßig.

Auch kann in den AGB keine kurzfristige Preiserhöhung nach Vertragsschluss fest gelegt sein.

1.1.2.3 Wie kann die Haftung für Fahrlässigkeit in AGB begrenzt werden?

Eine wichtige Frage für alle Gewerbetreibende in der Medienbranche ist, wie eine Haftung für selbst verursachte Fehler beim Auftraggeber begrenzt werden kann. Nach dem Gesetz haftet der Auftragnehmer für den Schaden, den er durch Vorsatz oder Fahrlässigkeit verursacht. Doch gegen menschliches und technisches Versagen ist niemand gefeit. Wie ist die Haftung, wenn z. B. das Bestellformular für den E-Shop nicht funktioniert und dem Auftraggeber Umsätze verloren gehen?

Der entstandene Schaden kann leicht den Auftragswert um ein Vielfaches übersteigen. Das Gesetz gibt die Möglichkeit, dass nur für Vorsatz und grobe Fahrlässigkeit gehaftet werden muss. Eine leichte Fahrlässigkeit lässt sich damit mit Hilfe von AGB ausschließen. Die Formulierung dafür könnte lauten: „Der Auftragnehmer haftet nur für Vorsatz und grobe Fahrlässigkeit." Damit hat der Auftragnehmer die Haftung für die leichte Fahrlässigkeit ausgeschlossen.

Eine Haftung für grobe Fahrlässigkeit kann nicht per AGB ausgeschlossen werden. Einzelvertraglich ist dies möglich, z. B. wenn ein Projekt unabwägbare Risiken in sich birgt (Vorrang der Individualabrede).

Wichtig ist, dass bei Unwirksamkeit von AGB-Klauseln immer die gesetzliche Regelung zum Tragen kommt. Dies bedeutet, dass bei einer gesetzeswidrigen Formulierung einer AGB-Klausel zur Fahrlässigkeit (z. B. Ausschluss der Haftung für grobe Fahrlässigkeit) automatisch die gesetzliche Regelung wirksam wird, d. h. der Verwender damit auch für die leichte Fahrlässigkeit haftet.

Beispiel

Die Web-Design KG formuliert in ihren AGB: „Der Auftragnehmer (Web-Design KG) haftet nicht für Schäden in Folge von Fahrlässigkeit". Diese Klausel wäre nach § 307 BGB ungültig, da sie den Vertragspartner der Web-Design KG unverhältnismäßig benachteiligt, da dieser ab Vertragsschluss jede „Schludrigkeit" der Web-Design KG einfach hinnehmen müsste. Verursacht die Web-Design KG nun tatsächlich durch eigene Fahrlässigkeit beim Vertragspartner einen Schaden, so würde im Rechtsstreit die AGB-Klausel für ungültig erklärt. Dies hat dann die Folge, dass die gesetzliche Regelung zur Geltung kommt. Die Web-Design KG muss nun auch für leichte Fahrlässigkeit haften – ein Umstand, den die KG durch gültige AGB hätte vermeiden können.

Das Beispiel zeigt, dass AGB in der Praxis immer mit Hilfe eines Rechtsanwaltes formuliert werden sollten, um späteren Rechtsstreitigkeiten und Folgekosten vorzubeugen.

1.1.2.4 Die gesetzliche Inhaltskontrolle der AGB-Klauselverbote

Zunächst gilt für die AGB die Generalklausel, dass der Vertragspartner nach den Geboten von Treu und Glauben nicht unangemessen benachteiligt werden darf, ist dies in AGB der Fall, so sind diese unwirksam:

§ 307 Inhaltskontrolle BGB

(1) Bestimmungen in Allgemeinen Geschäftsbedingungen sind unwirksam, wenn sie den Vertragspartner des Verwenders entgegen den Geboten von Treu und Glauben unangemessen benachteiligen. Eine unangemessene Benachteiligung kann sich auch daraus ergeben, dass die Bestimmung nicht klar und verständlich ist.

(2) Eine unangemessene Benachteiligung ist im Zweifel anzunehmen, wenn eine Bestimmung

1. mit wesentlichen Grundgedanken der gesetzlichen Regelung, von der abgewichen wird, nicht zu vereinbaren ist oder
2. wesentliche Rechte oder Pflichten, die sich aus der Natur des Vertrags ergeben, so einschränkt, dass die Erreichung des Vertragszwecks gefährdet ist.

(3) Die Absätze 1 und 2 sowie die §§ 308 und 309 gelten nur für Bestimmungen in Allgemeinen Geschäftsbedingungen, durch die von Rechtsvorschriften abweichende oder diese ergänzende Regelungen vereinbart werden. Andere Bestimmungen können nach Absatz 1 Satz 2 in Verbindung mit Absatz 1 Satz 1 unwirksam sein.

Klauselverbote mit Wertungsmöglichkeit

Diese noch recht unkonkreten Bestimmungen werden in den Paragraphen §§ 308 und 309 konkretisiert. So beinhaltet § 308 die Klauselverbote mit Wertungsmöglichkeit. Wertungsmöglichkeit bedeutet, dass in dem Gesetz Begriffe wie „unangemessen" oder „nicht hinreichend" verwendet werden, die im Einzelfall noch ausgelegt, also gewertet werden müssen.

Das Gesetz bezieht sich insbesondere auf Klauseln in AGB die:

- Annahme und Leistungsfrist: Unangemessene lange oder kurze Fristen.
- Rücktrittsvorbehalt: Unternehmer kann ohne Grund zurücktreten.
- Änderungsvorbehalt: Unternehmer kann die vereinbarte Leistung abändern.

1.1.2.5 Klauselverbote ohne Wertungsmöglichkeit

Ohne Wertungsmöglichkeit sind Klauselverbote, die eindeutig sind. Kommen Sie in AGB vor, so sind diese automatisch unwirksam.

Klauseln, die für den Vertragspartner in den folgenden Punkten die Rechte einschränken, sind unwirksam:

- Kurzfristige Preiserhöhungen
- Leistungsverweigerungsrechte
- Aufrechnungsverbote
- Mahnung, Fristsetzung
- Pauschalisierung von Schadensersatzforderungen
- Vertragsstrafen
- Haftung bei grobem Verschulden
- Verzug, Unmöglichkeit
- Teilverzug
- Gewährleistung
- Haftung für zugesicherte Eigenschaften
- Laufzeit bei Dauerschuldverhältnissen
- Wechsel des Vertragspartners
- Beweislast
- Form von Anzeigen und Erklärungen

1.2 Verträge über den Kauf von Sachen – der Kaufvertrag

Auch für Medienberufe ist es wichtig, genaue Kenntnisse von den Anforderungen des Kaufvertrags zu haben, da der Kaufvertrag mit die häufigste Vertragsart ist, die tagtäglich geschlossen wird.

Das Kaufrecht wird im Wesentlichen im BGB (Bürgerliches Gesetzbuch) geregelt. Rechtliche Grundlage jedes Kaufvertrages ist der § 433 BGB:

§ 433 BGB
Vertragstypische Pflichten beim Kaufvertrag

(1) Durch den Kaufvertrag wird der Verkäufer einer Sache verpflichtet, dem Käufer die Sache zu übergeben und das Eigentum an der Sache zu verschaffen. Der Verkäufer hat dem Käufer die Sache frei von Sach- und Rechtsmängeln zu verschaffen.
(2) Der Käufer ist verpflichtet, dem Verkäufer den vereinbarten Kaufpreis zu zahlen und die gekaufte Sache abzunehmen.

Beim Kaufvertrag verpflichtet sich somit der Verkäufer dem Käufer eine Sache frei von Mängeln zu übergeben. Der Käufer hat die Pflicht, die Sache abzunehmen und zu bezahlen. Für den Medienbereich ist wichtig, dass ein Kaufvertrag nur dann gegeben ist, wenn es sich um eine fertige Sache handelt (z. B. Druckerpapier, Fotos aus einer Datenbank, Standardsoftware, Animationen etc.). Für Sachen die nach Vertragsschluss erst erstellt werden sollen (z. B. Internetauftritt, Individualsoftware etc.), gilt i. d. R. Werkvertragsrecht (siehe Kap. 1.4).

Kaufverträge können mündlich oder schriftlich geschlossen werden. Kaufmännische Sitte ist es, dass auch bei mündlich geschlossenen Kaufverträgen ein kaufmännisches Bestätigungsschreiben folgt, in dem noch einmal die wichtigsten Punkte fixiert sind. Dies ist allen Gewerbetreibenden im Medienbereich zu empfehlen.

1.2.1 Mängel beim Kauf

Erweist sich die gekaufte Sache als mangelhaft, so hat der Käufer gesetzlich festgelegte Rechte. Als Mängel i. S. d. Gesetzes gilt (§ 434 BGB):

- Abweichung von der vereinbarten Beschaffenheit.
- Abweichung von der üblichen Beschaffenheit.
- Nicht eingehaltene Werbeaussage.
- Fehlerhafte Montage.
- Unverständliche Montageanleitung.
- Lieferung der falschen Ware.
- Lieferung einer zu geringen Menge.

Für Gewerbetreibende gilt, dass sie die Ware sofort bei Anlieferung auf Mängel hin untersuchen müssen (§ 377 HGB), da sonst die Gewährleistungsrechte verfallen. Diese Regelung gilt für Verbraucher nicht. Sie können innerhalb der gesetzlichen Gewährleistungsfrist von zwei Jahren alle Mängel geltend machen. Gewerbetreibende hingegen können in dieser Zeit nur noch versteckte Mängel, also Mängel, die trotz einer Wareneingangskontrolle nicht erkennbar gewesen sind, geltend machen.

Beispiel

Torsten K. ist Inhaber einer Web-Design Agentur, die Designschmiede e.K. Für die Geschäftskorrespondenz werden bei einem Büroartikelversand 20 Packen Druckerpapier bestellt. Torsten kontrolliert die Ware bei Eingang nicht, sondern stapelt sie sofort im Lagerraum. Erst nach drei Wochen, als das restliche Papier aufgebraucht ist, holt er das neue Druckerpapier hervor. Hier stellt er nun fest, dass es sich um eine Falschlieferung handelt, denn das Papier kann nur für Tintenstrahldrucker verwendet werden. Da Torsten als Gewerbetreibender gilt, hat er keine Handhabe mehr, auf eine Neulieferung zu bestehen.

Liegt ein Mangel vor, so hat der Käufer zunächst die sog. **vorrangigen Rechte**. Hier kann der Käufer entweder Beseitigung des Mangels oder Lieferung einer neuen Sache verlangen (§ 439 (1) BGB). Die Wahl liegt bei ihm. Der Verkäufer kann jedoch die gewünschte Nacherfüllungsform ablehnen, sollte dies unverhältnismäßig hohe Kosten verursachen. Für die Nacherfüllung sollte der Käufer dem Verkäufer eine Frist setzen. Zusätzlich kann der Käufer auch Schadensersatz fordern, wenn der Verkäufer den Mangel zu vertreten hat. Dies ist der Fall, wenn er vorsätzlich oder fahrlässig gehandelt hat. Wurde ein fester Liefertermin vereinbart, so muss der Käufer keine Frist zur Nacherfüllung setzen, sondern kann sofort zu den nachrangigen Rechten kommen. Ist die Frist abgelaufen oder hat der Verkäufer zweimal erfolglos eine Nacherfüllung versucht, so hat der Käufer folgende **nachrangigen Rechte**. Der Käufer kann bei gescheiterter Nacherfüllung folgende Rechte in Anspruch nehmen:

- Rücktritt vom Kaufvertrag (Rückerstattung des Kaufpreises).
- Minderung des Kaufpreises.
- Schadensersatz (zzgl. zum Rücktritt), wenn Verschulden des Verkäufers vorliegt.
- Ersatz der vergeblichen Aufwendungen.

Der Schadensersatz ist das komplizierteste nachrangige Recht, um das auch am meisten gestritten wird. Dies liegt, daran, dass der Schadensersatz nicht nur den bereits entstandenen Schaden erfassen kann, sondern auch den entgangenen Gewinn beim Käufer.

Beispiel

Die Druckerei Printexpress bestellt beim Papiergroßhändler Schmitt Spezialpapier für den Druck eines Kataloges. Der Papiergroßhändler verwechselt die Bestellung (Fahrlässigkeit) und liefert eine andere Papierart. Dieser Mangel ist für Printexpress nicht erkennbar. Das falsche Papier beschädigt in der Produktion die Druckmaschinen derart stark, dass die Produktion mehrere Tage ausfällt und der Katalogauftrag sowie weitere Aufträge verloren gehen. Diesen entstandenen Schaden kann Printexpress vom Papiergroßhändler Schmitt einfordern.

Das Beispiel zeigt, dass Schadensersatzforderungen oft weit über den eigentlichen Auftragswert hinausgehen können. In der Praxis wird deshalb oft versucht in den AGB die

Schadensersatzhöhe auf ein Fünf- oder Zehnfaches des Auftragswertes zu begrenzen. Diese Regelung greift grundsätzlich nicht gegenüber Verbrauchern und ist selbst unter Gewerbetreibenden nicht immer durchsetzbar. Für Verkäufer ist es deshalb wichtig in sauber formulierten AGBs die Haftung auf grobe Fahrlässigkeit und Vorsatz zu beschränken.

1.3 Der Werklieferungsvertrag

Der sog. Werklieferungsvertrag existiert in dieser Form nicht mehr. Er wurde durch die Regelung ersetzt, dass bei Verträgen über herzustellende und zu erzeugende bewegliche Sachen, prinzipiell Kaufrecht gilt.

Beispiel

Eine Druckerei bestellt Plastikhüllen für Visitenkarten beim Hersteller.

Dies ist einleuchtend, da das Interesse des Auftraggebers der fertig gestellten Sache gilt, die aus der gewöhnlichen Produktion eines Unternehmens hervorgeht. Aus diesem Grund gelten ganz einfach die Vorschriften zum Kaufrecht.

Beispiel

Das Modehaus Kaya gibt den Druck von Werbeflyern bei der Druckerei PintStar in Auftrag. Die Flyer werden jedoch falsch bedruckt. Kaya hat die üblichen Rechte aus dem Kaufrecht.

1.4 Verträge über das Erstellen eines Werkes – der Werkvertrag

Werden im Medienbereich Aufträge erteilt, so handelt es sich rechtlich gesehen meist um Werk- oder Werklieferungsverträge. Werkverträge werden geschlossen zur Herstellung eines bestimmten, durch den Besteller definierten Werkes.

§ 631 BGB
Vertragstypische Pflichten beim Werkvertrag

(1) Durch den Werkvertrag wird der Unternehmer zur Herstellung des versprochenen Werkes, der Besteller zur Entrichtung der vereinbarten Vergütung verpflichtet.
(2) Gegenstand des Werkvertrags kann sowohl die Herstellung oder Veränderung einer Sache als auch ein anderer durch Arbeit oder Dienstleistung herbeizuführender Erfolg sein.

Wie in § 631 BGB aufgeführt, kann es sich bei einem Werk sowohl um Sachwerke (Individualsoftware) als auch um Tätigkeitswerke (Transport von Personen etc.) handeln. Im Vordergrund steht der Erfolg, d. h., der Vertrag ist nur dann erfüllt, wenn das Werk wie vereinbart fertig gestellt wurde.

Beispiel

Der Werkvertrag ist erst dann erfüllt, wenn die Individualsoftware reibungslos läuft oder das gewünschte Layout erstellt ist.

Typische Werkverträge des Medienbereiches sind:

- Vertrag über die Erstellung von Individualsoftware
- Vertrag über die Erstellung eines Internetauftrittes
- Designvertrag (Vertrag zur Gestaltung eines Layouts etc.)

Beim Werkvertrag wird der Auftraggeber „Besteller" genannt, der Auftraggeber „Unternehmer". Der Gesetzgeber nimmt also mit dieser Formulierung von vornherein an, dass mindestens eine Vertragspartei ein Unternehmer ist.

1.4.1 Rechte und Pflichten aus dem Werkvertrag

1.4.1.1 Was muss bei der Honorargestaltung beachtet werden?

Der Unternehmer schuldet den Erfolg, den Arbeitsaufwand muss er selbst kalkulieren. Wird z. B. ein Vertrag über das Erstellen eines Internetauftrittes für 2.000,- € in Auftrag gegeben, so ist es allein die Sache des Web-Designers (Unternehmer), mit welchem zeitlichen Aufwand er die Seite erstellt.

Bevor es zum Abschluss eines Werkvertrages kommt, wird oft ein **Kostenanschlag** gefordert.

Gerade diese Situation ist in der Medienbranche brisant – es besteht ein harter Wettbewerb und die Konkurrenz schläft nicht. Die Versuchung ist groß, den Kostenvoranschlag günstig zu kalkulieren, um den Zuschlag zu bekommen. Hinzu kommt, dass sich bei größeren Projekten der Gesamtaufwand nur schwer überblicken lässt, was zur Folge hat, dass eine großzügige Kalkulation den Auftrag kosten kann, eine zu knappe Kalkulation jedoch ein Verlustgeschäft bedeuten wird.

Hat ein Unternehmer einen Kostenanschlag eingereicht, so gilt zunächst, dass er nach Fertigstellung des Werkes auch nur diesen Betrag in Rechnung stellen kann.

§ 650 BGB
Kostenanschlag

(1) Ist dem Vertrag ein Kostenanschlag zugrunde gelegt worden, ohne dass der Unternehmer die Gewähr für die Richtigkeit des Anschlags übernommen hat, und ergibt sich, dass das Werk nicht ohne eine wesentliche Überschreitung des Anschlags ausführbar ist, so steht dem Unternehmer, wenn der Besteller den Vertrag aus diesem Grund kündigt, nur der im § 645 (1) bestimmte Anspruch zu.
(…)

Dem Unternehmer wie Besteller sollte jedoch bewusst sein, dass ein Kostenanschlag nur eine Aufstellung der voraussichtlichen Kosten ist. Er ist Geschäftsgrundlage, aber nicht Vertragsbestandteil, wie etwa beim Festpreisangebot. Beim Festpreis darf nach Fertigstellung in der Rechnung nicht abgewichen werden, egal welchen unvorhersehbaren Arbeitsaufwand der Auftrag mit sich gebracht hat. Beim Kostenanschlag hat der Unternehmer mehr Spielraum. Wird erkennbar, dass der tatsächliche Aufwand durch unvorhergesehene Ereignisse vom Kostenvoranschlag differiert, kann mehr in Rechnung gestellt werden. Allerdings nur, wenn dieser Mehrbetrag mit dem Besteller abgesprochen wird.

§ 650 Kostenanschlag BGB

(…)
(2) Ist eine solche Überschreitung des Anschlags zu erwarten, so hat der Unternehmer dem Besteller unverzüglich Anzeige zu machen.

Der Besteller kann bei Mehraufwand entscheiden, ob er den Auftrag auf diese Weise fertig gestellt haben möchte oder ob er eine einfachere Lösung bevorzugt. Wird das Werk teurer als im Kostenvoranschlag kalkuliert, hat er auch die Möglichkeit, den Auftrag zu kündigen. Er muss dann aber dem Unternehmer den bisherigen Aufwand vergüten, wofür der Kostenvoranschlag die Berechnungsgrundlage ist.

1.4.1.2 Wann wird das Honorar fällig?

Das Honorar wird erst mit Annahme des Werkes durch den Besteller fällig. Die Annahme des Werkes bedeutet, dass der Besteller das Werk in dieser Form akzeptiert. Die Annahme eines Werkes wird in der Medienbranche eher selten in Form einer förmlichen Annahmeerklärung vollzogen. Die Annahme wird meist durch schlüssiges Verhalten erklärt oder indem nach einer Prüfzeit keine Mängel reklamiert werden.

Der Unternehmer hat das Recht vor Fertigstellung, für in sich abgeschlossene Teile der vertragsmäßigen Leistung Abschlagszahlungen zu verlangen (vgl. § 632a BGB). Allerdings muss er dann auch dem Besteller das Eigentum an den Teilleistungen übertragen.

Beispiel

Die Webagentur XY erstellt einen Internetauftritt für die Auto AG. Der Auftrag beinhaltet auch die Digitalisierung von Fotografien der Automodelle. Die Webagentur erledigt vertragsgemäß die Digitalisierung und stellt hierzu eine Rechnung. Sie muss dann nach § 632a BGB der Auto AG die Bilder sofort zur Verfügung stellen.

1.4.1.3 Was, wenn der Kunde nicht bezahlt?

Bezahlt der Kunde (Besteller) seine Rechnung nicht, so kommt er in den Zahlungsverzug, wenn folgende Voraussetzungen erfüllt sind:

- Fälligkeit: Der Zahlungstermin muss eingetreten und überschritten worden sein!
- Mahnung: Nach Eintritt der Fälligkeit muss der Verkäufer dem Besteller eine Mahnung schicken. Keine Mahnung ist erforderlich, wenn für die Zahlung ein genauer Termin nach dem Kalender bestimmt worden ist (der Kalender mahnt die Zahlung).
- 30 Tage-Frist: Der Besteller kommt spätestens nach 30 Tagen nach Fälligkeit und Zugang einer Rechnung in Verzug, wenn kein kalendermäßiger Zahlungstermin genannt ist. Dies gilt besonders, wenn der Käufer selbst ein Kaufmann ist. Ist der Käufer Verbraucher (Privatmann), dann gilt diese 30-Tage- Regelung nur, wenn er auf diese Regel in der Rechnung ausdrücklich hingewiesen worden ist.

Liegen die Voraussetzungen für den Zahlungsverzug vor, so kann der Unternehmer Verzugszinsen in Rechnung stellen. Die Höhe beträgt 8 Prozentpunkte[2] über dem Basiszinssatz der Deutschen Bundesbank.[3]

Bezahlt der Besteller trotz Mahnungen und Verzugszinsen nicht, so sollte bedacht werden, warum der Besteller nicht bezahlt. Ist es ein guter Kunde, der sich momentan in einer finanziell schwierigen Situation befindet, so kann u. U. eine Aufschiebung der Rechnung ratsam sein. In härteren Fällen kann ein Mahnbescheid über das Amtsgericht hilfreich sein.

1.4.1.4 Wann kann der Kunde den Vertrag kündigen?

Werkverträge können jederzeit vom Besteller gekündigt werden:

§ 649 BGB
Kündigungsrecht des Bestellers

Der Besteller kann bis zur Vollendung des Werkes jederzeit den Vertrag kündigen. Kündigt der Besteller, so ist der Unternehmer berechtigt, die vereinbarte Vergütung zu verlangen; er muss sich jedoch dasjenige anrechnen lassen, was er infolge der Aufhebung des Vertrags an Aufwendungen erspart oder durch anderweitige Verwendung seiner Arbeitskraft erwirbt oder zu erwerben böswillig unterlässt.

[2]Ist der Besteller ein Verbraucher, so beträgt der Zuschlag nur 5 Prozentpunkte (vgl. § 288 BGB).
[3]Den aktuellen Basiszinssatz zur Berechnung der Verzugszinsen finden Sie unter www.bundesbank.de.

Der Unternehmer kann im Falle einer Kündigung also die Vertragsumme einfordern, abzüglich der Einnahmen, die er durch die vorzeitige Kündigung selbst wieder hat.

1.4.2 Was sind die Rechte bei Mängeln am Werk?

Als **Mängel** i. S. d. Gesetzes gilt, wenn das Werk:

- Nicht die vereinbarte Beschaffenheit hat.
- Nicht den Erfordernissen des Vertrages entspricht.
- Sich nicht für die gewöhnliche Verwendung eignet.
- Ein anderes Werk ist.
- Zu geringe Menge aufweist (vgl. § 633 BGB).

Ähnlich wie im Kaufrecht kann der Besteller zunächst Nacherfüllung verlangen. Hierfür muss er dem Unternehmer wieder eine Frist setzen. Im Unterschied zum Kaufrecht kann der Unternehmer dann wählen, ob er das bestehende, mangelhafte Werk nachbessert oder ein neues Werk liefert. Dem Unternehmer wird die Entscheidung hier belassen, da er entscheiden soll, was für ihn am wirtschaftlichsten ist. Im Medienbereich wird hier in der Regel immer das bestehende Werk nachgebessert (z. B. die Software oder die Internetseite wird nochmals überarbeitet). Ist die Frist für die Nacherfüllung erfolglos abgelaufen oder ist die Nacherfüllung unmöglich, so hat der Käufer die folgenden **nachrangigen Rechte**:

- Mangel selbst beseitigen und Ersatz der Aufwendungen verlangen.
- Vom Vertrag zurücktreten.
- Vergütung mindern.
- Schadensersatz/Ersatz vergeblicher Aufwendungen verlangen (falls Verschulden des Unternehmers vorliegt) (vgl. § 634 BGB).

Wesentlicher Unterschied zum Kaufrecht ist hier, dass der Besteller die Beseitigung des Mangels auch selbst vornehmen und die dafür anfallenden Aufwendungen dem Unternehmer in Rechnung stellen kann. Darunter fällt auch, dass der Besteller ein anderes Unternehmen beauftragt und deren Aufwand in Rechnung stellt. Aus diesem Grund sollten Mängelanzeigen immer oberste Priorität eingeräumt werden.

Rücktritt vom Vertrag bedeutet immer, dass der Unternehmer bereits erhaltene Anzahlungen komplett an den Besteller zurückzahlen muss. Bereits erhaltene Teile des Werkes darf der Besteller dann aber auch nicht benutzen.

Beispiel

Die Web-Design Agentur XY erhält vom Modehaus Kaya einen Auftrag zur Erstellung eines professionellen E-Shops. Die Frist zur Fertigstellung beträgt fünf Monate.

Der Vertrag beinhaltet auch die Digitalisierung der Produktfotos. XY schafft es nicht den E-Shop professionell zu gestalten. Auch nach Ablauf einer gesetzten Frist durch Kaya lässt der Internetauftritt ein großes Stück an Professionalität missen. Kaya tritt aus diesem Grund vom Vertrag zurück. Die Produktfotos wurden von XY bereits digitalisiert. Kaya darf diese Fotos jedoch nicht benutzen.

Minderungen des Preises sind immer Verhandlungssache. Auch bei minimalen Mängeln ist eine Preisminderung rechtfertigbar. Der Preisnachlass hat sich dann an dem tatsächlichen Wert des mangelhaften Werkes zu orientieren.

Für den Schadensersatz gelten die Ausführungen im vorigen Kapitel zum Kaufrecht.

Lernkontrolle zu Kap. 1

1. Hans B., Prokurist bei der Druckerei Printstar GmbH, bestellt beim Papiergroßhändler, der Paper AG, aus Versehen 500 Packen Druckerpapier statt der gewünschten 50 Packen.
   a. Was kann er tun, wenn er die 500 Packen nicht abnehmen möchte?
   b. Was kann die Paper AG unternehmen, wenn sie eigens für die Lieferung einen größeren LKW einsetzen musste?
2. Der Webagentur XY wirbt in einem Angebotsschreiben für die Erstellung einer Firmenpräsenz im Internet mit dem Festpreis von 1000,- €. In ein Angebotsschreiben an die Auto AG schleicht sich ein Tippfehler ein, der Angebotspreis lautet aus Versehen 100,- €. Die Auto AG sagt sofort zu. Was kann die Webagentur XY unternehmen, wenn sie den Auftrag nicht ausführen möchte?
3. Die Webagentur XY bietet in einem Schreiben der Auto AG die Erstellung einer Firmenpräsenz im Internet für 500,- €. Die Auto AG sagt sofort zu. Bei einer erneuten Kalkulation stellt XY fest, dass der Preis viel zu niedrig angesetzt ist, da der Bildbearbeitungsaufwand aufgrund der Sonderwünsche der Auto AG die Kalkulation um ein Vielfaches übersteigt. Was kann die Webagentur unternehmen?
4. Die Auto AG möchte von der Webagentur XY eine Firmenpräsenz im Internet erstellt haben und bittet um einen Kostenvoranschlag. Die Webagentur ist stark an dem Auftrag interessiert und gibt im Kostenvoranschlag einen Preis von 800,- € an. XY erhält den Auftrag. Während der Erstellung wird deutlich, dass der Kostenvoranschlag viel zu niedrig kalkuliert worden ist. Was muss XY in diesem Fall unternehmen?
5. Druckerei Meier e.K. bestellt bei der Paper-Handels AG 2t Druckpapier. Bei der Wareneingangskontrolle stellt Meier fest, dass das Papier an verschiedenen Stellen Feuchtigkeitsspuren hat und somit für den Druck unbrauchbar ist.
   a. Welche Rechte hat Meier in diesem Fall?
   b. Wie ist der Fall zu beurteilen, wenn Meier die Wareneingangskontrolle nicht vornimmt und er erst 14 Tage später im Lager den Mangel entdeckt?

6. U vereinbart mit der Grafikagentur XY die Erstellung eines Layouts für die Werbekampagne. Die Grafikagentur bereitet ein paar Entwürfe vor, nach Meinung von U ähneln diese jedoch viel zu stark der letzten Kampagne und lassen jegliche zündende Idee missen. Welche Rechte hat U?
7. Die Werbefirma AG entwirft mehrere Werbeanzeigen für die Waren AG. Die Anzeigen erscheinen in mehreren Printmedien, die Waren AG reagiert jedoch auf die gestellte Rechnung nicht. Wie sollte die Werbefirma AG vorgehen?

Urheberrecht

2

Für die Medienbranche ist das Urheberrecht von höchster Bedeutung, schützt es doch schöpferischer Leistungen vor unrechtmäßiger Nachahmung und Ausbeutung. Es erfüllt damit eine wichtige ökonomische Funktion: Dem Urheber soll der wirtschaftliche Nutzen seines Werkes zukommen. Dies spornt zum kreativen Schaffen an und ist damit Motor des Fortschritts.

Das Urheberrechtsgesetz (UrhG) schützt geistiges Eigentum:

> **§ 1 UrhG**
> **Allgemeines**
> Die Urheber von Werken der Literatur, Wissenschaft und Kunst genießen für ihre Werke Schutz nach Maßgabe dieses Gesetzes.

Der Schutz des Urheberrechts für ein Werk entsteht direkt mit der Schöpfung der Sache. Im Unterschied zu Patenten gibt es dabei kein öffentliches Register in dem der Urheber seine Rechtsansprüche anmelden kann. Das Urheberrecht garantiert dem Urheber, selbst zu bestimmen, wie mit dem Werk umzugehen ist (sog. Persönlichkeitsrechte). Es schützt darüber hinaus die wirtschaftliche Verwertung des Werkes (sog. Verwertungsrechte).

2.1 Was sind urheberrechtlich geschützte Werke?

Voraussetzung für den urheberrechtlichen Schutz ist zunächst, dass es sich bei dem Werk um eine persönliche geistige Schöpfung handelt. Es muss dabei folgende Kriterien erfüllen:

- Die **persönliche Schöpferkraft** sollte ein gewisses **Anspruchsniveau** erfüllen.
- Das Werk sollte in einer bestimmten Form **sinnlich wahrnehmbar** sein (z. B. als Bild, Noten, aufgenommene CD etc.).

C. Kaesler, *Recht für Medienberufe*,
DOI 10.1007/978-3-658-14200-1_2

Im § 2 UrhG werden die schützensfähigen Werke aufgezählt:

§ 2 UrhG

(1) Zu den geschützten Werken der Literatur, Wissenschaft und Kunst gehören insbesondere:

1. Sprachwerke, wie Schriftwerke, Reden und Computerprogramme;
2. Werke der Musik;
3. Pantomimische Werke einschließlich der Werke der Tanzkunst;
4. Werke der bildenden Künste einschließlich der Werke der Baukunst und der angewandten Kunst und Entwürfe solcher Werke;
5. Lichtbildwerke einschließlich der Werke, die ähnlich wie Lichtbildwerke geschaffen werden;
6. Filmwerke einschließlich der Werke, die ähnlich wie Filmwerke geschaffen werden;
7. Darstellungen wissenschaftlicher oder technischer Art, wie Zeichnungen, Pläne, Karten, Skizzen, Tabellen und plastische Darstellungen.

(2) Werke im Sinne dieses Gesetzes sind nur persönliche geistige Schöpfungen.

Der Paragraf zählt die einzelnen Werke nicht abschließend, sondern nur beispielartig auf. Neue Werkarten, wie z. B. eine besonders gestaltete Internetseite können deshalb ebenfalls als Werk geschützt sein. Eine Idee alleine kann keinen Urheberschutz genießen, sondern immer nur das Werk, in dem die Idee umgesetzt ist.

Für alle Werke gilt, dass der „Schöpfungsvorgang“ eine **individuelle Gestaltung** hervorbringt. So sind Schriftwerke der Literatur (Gedichte, Romane, Novellen, etc.) unbestreitbar geistige Schöpfungen und damit urheberrechtlich geschützt. Aber auch wissenschaftliche Arbeiten, Sachbücher, Schulbücher etc. sind urheberrechtlich geschützt, da der Verfasser eine bestimmte individuelle Darstellung eines Sachgebietes vornimmt. Dies gilt auch für Back- und Kochbücher oder selbst für Kataloge, wenn sie individuell gestaltet worden sind. Wichtig für den urheberrechtlichen Schutz dabei ist, dass das Werk eine gewisse Gestaltungshöhe erreicht. Das bedeutet, dass nicht die bloße Schöpfung eines Werkes zum Urheberrechtsschutz verhilft, sondern nur wenn das Werk einem gewissen Anspruchsniveau genügt. Im Bereich der Kunst sollte die Gestaltungshöhe einen solchen Grad erreichen, dass nach herrschender Expertenmeinung von einem (Kunst-) Werk im urheberrechtlichen Sinne gesprochen werden kann! Ein Bauwerk ist z. B. erst dann als urheberrechtschutzfähig zu betrachten, wenn in Fachkreisen von einem Werk der Baukunst gesprochen wird.

In den USA wird die Geltendmachung von Urheberrechtansprüchen mittels des Zeichens © (Copyright-Vermerk) angezeigt. In Deutschland ist die Anbringung dieses Zeichens nicht vorgeschrieben, allerdings hat sich in der Medienbranche die Praxis herausgebildet, Werke mit dem Copyright-Zeichen zu versehen. Der Copyright-Vermerk zeigt, dass jemand ein Urheberrecht an diesem Werk hat. Wohlgemerkt ist das Zeichen in Deutschland nicht für den eigentlichen Urheberrechtsschutz vorgeschrieben, denn das Urheberrecht entsteht schon mit der Schaffung des Werkes.

2.2 Welche „typisch" medienberufliche Werke sind geschützt?

2.2.1 Der Schutz von Computerprogrammen

Aufgrund einer EU-Richtlinie aus dem Jahre 1991 wurde ein spezieller urheberrechtlicher Schutz für Computerprogramme eingeführt. Ein Computerprogramm wird definiert als eine Folge von Befehlen, die in einem bestimmten Code (Computersprache) abgefasst sind. Dabei ist die Art des Datenträgers, auf dem das Programm fest gehalten ist (z. B. Papier, Diskette, CD-ROM etc.) nicht entscheidend. Zum Computerprogramm gehören auch alle Entwurfsmaterialen (Flussdiagramme, Pflichtenhefte etc.). Die Idee, die einem Computerprogramm zu Grunde liegt, kann nicht geschützt werden.

§ 69a UrhG
Gegenstand des Schutzes

(1) Computerprogramme im Sinne dieses Gesetzes sind Programme in jeder Gestalt, einschließlich des Entwurfsmaterials.
(2) Der gewährte Schutz gilt für alle Ausdrucksformen eines Computerprogramms. Ideen und Grundsätze, die einem Element eines Computerprogramms zugrunde liegen, einschließlich der den Schnittstellen zugrundeliegenden Ideen und Grundsätze, sind nicht geschützt.
(…)

Das Kriterium der Gestaltungshöhe wird bei Computerprogrammen niedriger gefasst als bei anderen Werken. Es genügt, dass ein Programm individuelle Züge des Urhebers trägt, weitere Kriterien, insbesondere qualitativer Art, sind nicht zu erfüllen.

§ 69a UrhG
Gegenstand des Schutzes

(…)
(3) Computerprogramme werden geschützt, wenn sie individuelle Werke in dem Sinne darstellen, dass sie das Ergebnis der eigenen geistigen Schöpfung ihres Urhebers sind. Zur Bestimmung ihrer Schutzfähigkeit sind keine anderen Kriterien, insbesondere nicht qualitative oder ästhetische, anzuwenden.

Allerdings können **Algorithmen**, **mathematische Verfahren** oder **Rechenvorgänge**, die in dem Programm zur Anwendung kommen, nicht als schützensfähig angesehen werden. Sie gehören zum allgemeinen Repertoire der Programmiertechnik und sind damit Allgemeingut.

2.2.2 Der Schutz von Sammelwerken und Datenbanken

Sammelwerke und Datenbanken können ebenfalls urheberrechtlich geschützte Werke sein, wenn deren **Zusammenstellung und Anordnung** eine **eigene schöpferische Gestaltung** aufweisen. Als Sammelwerke gelten z. B. Lexika oder Enzyklopädien.

Auch Gesetzessammlungen gelten trotz des § 5 UrHG als geschütztes Werk, wenn die Zusammenstellung und Auswahl der entsprechenden Gesetze eine schöpferische Gestaltungshöhe erreicht. So ist z. B. die Gesetzessammlungen für Berufsbildende Schulen ein geschütztes Werk.

Für Datenbanken gilt das Gleiche. Eine Datenbank mit den Adressen und Telefonnummern aller Marketingvorstände von mittelständischen Unternehmen in Europa wäre z. B. ein geschütztes Werk. Ähnliches gilt für Linksammlungen, sie können ab einem gewissen Anspruchsniveau als Datenbanken gewertet werden und sind damit urheberrechtlich geschützt.

Beispiel

Eine durch schöpferische Auswahl und nicht unerheblichem Aufwand von Link- oder Schlagzeilensammlungen kann als Datenbankwerk gewertet werden (Aktenzeichen: 49 C 429/499, AG Rostock, Urteil vom 20. 02. 2001).

§ 4 UrhG
Sammelwerke und Datenbankwerke

(1) Sammlungen von Werken, Daten oder anderen unabhängigen Elementen, die aufgrund der Auswahl oder Anordnung der Elemente eine persönliche geistige Schöpfung sind (Sammelwerke), werden, unbeschadet eines an den einzelnen Elementen gegebenenfalls bestehenden Urheberrechts oder verwandten Schutzrechts, wie selbständige Werke geschützt.

(2) Datenbankwerk im Sinne dieses Gesetzes ist ein Sammelwerk, dessen Elemente systematisch oder methodisch angeordnet und einzeln mit Hilfe elektronischer Mittel oder auf andere Weise zugänglich sind. Ein zur Schaffung des Datenbankwerkes oder zur Ermöglichung des Zugangs zu dessen Elementen verwendetes Computerprogramm (§ 69a) ist nicht Bestandteil des Datenbankwerkes.

2.2.3 Der Schutz von Computerspielen

Handlungsverlauf wird geschützt wie ein Film Das dem Computerspiel zugrunde liegende Programm genießt, wie alle anderen Computerprogramme, urheberrechtlichen Schutz. Gesondert geschützt wird zusätzlich die Darstellung auf dem Bildschirm. Der Handlungsverlauf eines Computerspieles wird lt. der gegenwärtigen Rechtsprechung geschützt wie ein Film, da es vergleichbar mit Laufbildern ist. Allerdings muss die Darstellung am Bildschirm eine besondere individuelle Gestaltung aufweisen, um urheberrechtlich geschützt werden zu können. Dies ist bei den heute auf dem Markt erhältlichen Spielen im Grunde immer gegeben.

2.2.4 Der Schutz eines Web-Designs

Internetseiten sind i. d. R. nicht schützbar Der urheberrechtliche Schutz des Screen-Designs von Internetseiten ist nur schwer durchzusetzen. Zum einen gilt nach herrschender Meinung, dass der HTML-Code (der Quelltext von Internet-Seiten) nicht als Programmiersprache, sondern nur als bloße Beschreibungssprache für Internetseiten zu betrachten ist. Der HTML-Code von Internetseiten erfährt somit keinen urheberrechtlichen Schutz. Die visuelle Gesamtdarstellung (Screendesign) ist schützbar, die urheberrechtliche Messlatte zur Gestaltungshöhe wird hier jedoch sehr hoch angelegt. Für „gewöhnliche" Seiten gilt, dass das Screendesign keine eigene Werkart ist, sondern nur einzelne (eventuell) urheberrechtliche Werke (z. B. Fotos und Texte) auf einer Seite anordnet und wiedergibt. Fotos und Texte auf der Internetseite haben selbstverständlich ihren eigenen Urheberrechtsschutz.

Schutz als Geschmacksmuster Den Web-Designern wird jedoch ein Weg eröffnet, wie sie das Screendesign eines Internetauftrittes trotzdem schützen lassen können, nämlich mit Hilfe des Geschmacksmustergesetzes (GeschmMG) – mehr dazu in Kap. 2.8.

2.2.5 Der Schutz von Symbolen, Logos und Icons

Gestaltungshöhe wieder entscheidend Symbole können je nach Gestaltung als Werke der bildenden Kunst angesehen werden und erhalten dadurch einen urheberrechtlichen Schutz. Entscheidend ist hier wieder die Gestaltungshöhe, die nur im Einzelfall entschieden werden kann. In der Regel gilt, dass Symbole, die sich durch die Sache oder den Zweck mehr oder minder automatisch ergeben (z. B. Symbol für Rauchverbot) kein Urheberrecht geltend gemacht werden kann. Das Gleiche gilt für Logos. So kann z. B. das Kreuz als Zeichen des christlichen Glaubens nicht von einer Organisation für sich ausschließlich in Anspruch genommen werden – eine künstlerische Gestaltung, die das Kreuz beinhaltet jedoch schon. Logos, die für Unternehmen und Organisationen sowie deren Produkte stehen, können ohnehin Schutz nach dem Markenrecht erlangen (siehe Kap. 3).

Icons, wie sie zur Navigationshilfe in Software verwendet werden, haben dann keinen urheberrechtlichen Schutz, wenn sie nur grafisch die technische Funktion wiedergeben (z. B. Diskettensymbol zum Abspeichern). Geht das Icon über diese reine Funktionalität hinaus, kann es als Werk der bildenden Kunst in Frage kommen und dadurch urheberrechtlichen Schutz erlangen. Dafür muss jedoch wieder das Kriterium einer relativ hohen Gestaltungshöhe erfüllt sein. Einfacher ist es für Designer, Schutz für ein Icon mit Hilfe des Geschmacksmustergesetzes zu erlangen (siehe Kap. 2.8).

2.2.6 Der Schutz von Layouts

Layouts, z. B. Anordnung von Texten und Bildern in einem Katalog oder auf einem Werbeprospekt, erleiden das gleiche Schicksal wie das Screendesign einer Internetseite. So erfüllt eine besondere Anordnung von Bildern und Texten zueinander nicht das Kriterium der erforderlichen Gestaltungshöhe. In den meisten Fällen hat das Layout somit kaum Chancen auf einen Schutz nach dem Urheberrecht.

2.2.7 Der Schutz von Fotos und Filmen

Fotos sind gem. § 2 Abs. 1 Nr. 5 UrhG Lichtbildwerke und urheberrechtlich geschützt, sofern das Foto eine gewisse Gestaltungshöhe aufweist (z. B. durch besondere Wahl der Perspektive, Lichteinwirkung etc.). Für Filme gilt ähnliches, wobei gerade Filme eine große Bandbreite der Werkgestaltung aufweisen (z. B. Spielfilm, Werbefilm, Dokumentarfilm etc.). Entscheidend ist auch hier die individuelle Gestaltungshöhe. So ist z. B. die bloße Aufzeichnung eines Sportereignisses kein schützenswertes Filmwerk. Basieren Filme auf bereits existierenden Sprachwerken (z. B. Romanverfilmung), so muss dafür eine besondere Lizenz eingeholt werden.

2.2.8 Der Schutz von Texten

Individuelle Texte gelten bei entsprechender Gestaltungshöhe als Sprachwerke und sind damit urheberrechtlich geschützt. Fraglich ist, ob z. B. eine technische Gebrauchsanleitung ebenfalls urheberrechtlichen Schutz erlangt, da hier eine individuelle Textgestaltung mit kreativer Schaffens höhe schwierig auszumachen ist. Allerdings ist die Rechtsprechung Texten gegenüber sehr großzügig, sodass im Prinzip nahezu jeder geschriebene Text urheberrechtlich geschützt wird.

Komplizierter wird der Sachverhalt bei **Werbeslogans**, die nur aus wenigen Worten bestehen. Ihnen wird nur ein Schutz zugesprochen, wenn sie durch eine besonders kreative Gestaltung einen hohen Wiedererkennungswert erlangen. Hier muss oft im Einzelfall entschieden werde. Werbeslogans können unter Umständen auch unter das Markenrecht fallen und dort Schutz erlangen (siehe Kap. 3).

Übersetzungen sind grundsätzlich durch das Urheberrecht geschützt.

§ 3 UrhG
Übersetzungen und andere Bearbeitungen eines Werkes, die persönliche geistige Schöpfungen des Bearbeiters sind, werden unbeschadet des Urheberrechts am bearbeiteten Werk wie selbständige Werke geschützt. Die nur unwesentliche Bearbeitung eines nicht geschützten Werkes der Musik wird nicht als selbständiges Werk geschützt.

Amtliche Werke (Gesetze, Bekanntmachungen etc.) sind nicht urheberrechtlich geschützt.

§ 5 UrhG
(1) Gesetze, Verordnungen, amtliche Erlasse und Bekanntmachungen sowie Entscheidungen und amtlich verfasste Leitsätze zu Entscheidungen genießen keinen urheberrechtlichen Schutz. (…)

2.3 Wer gilt als Urheber eines Werkes?

Der unmittelbare Schöpfer des Werkes gilt als Urheber.

§ 7 UrhG
Urheber ist der Schöpfer des Werkes.

Aus diesem Grund kann auch **nur eine natürliche Person** und nicht eine juristische Person (z. B. ein Unternehmen) der Urheber eines Werkes sein, da auch in einem Unternehmen der unmittelbare Schöpfer eines Werkes nur ein Mensch, also eine natürliche Person, sein kann.

Es ist möglich, dass nicht nur eine, sondern mehrere Personen (z. B. Autorenteam, Musikband, Programmierteam etc.) an der Schöpfung eines Werkes beteiligt sind. In diesem Falle spricht man von einer Miturheberschaft. Voraussetzung für die Miturheberschaft ist, dass der Miturheber zu einem maßgeblichen Teil schöpferisch gewirkt hat.

§ 8 UrhG
Miturheber
(1) Haben mehrere ein Werk gemeinsam geschaffen, ohne dass sich ihre Anteile gesondert verwerten lassen, so sind sie Miturheber des Werkes.
(...)

Gehilfen sind keine Miturheber Die Miturheberschaft ist von der Gehilfenschaft abzugrenzen, bei der ein Mitarbeiter nur unter Anweisung des Urhebers bestimmte Tätigkeiten an dem Werk verrichtet.

Beispiel
Ein Musiker, der unter Weisung eines Komponisten an einem Musikstück beteiligt ist, gilt nicht als Miturheber, sondern als Gehilfe.

Die Miturheber sind an der Verwertung des Werkes beteiligt. Veröffentlichung, Verwertung und Bearbeitungen des Werkes können nur mit der Zustimmung aller Miturheber vorgenommen werden (vgl. § 8 (2) UrHG).

2.4 Was sind die Rechte des Urhebers?

2.4.1 Die Persönlichkeitsrechte

Die Persönlichkeitsrechte sind direkt mit dem Urheber verbunden und können nicht an Dritte abgetreten werden (zum Wohle des Urhebers!). Es geht dabei um die Rechte:

- Zur Veröffentlichung des Werkes (§ 12 UrhG).
- Zur Anerkennung der Urheberschaft (§ 13 UrhG).
- Zur Entstellung des Werkes (§ 14 UrhG).

Der Urheber bestimmt alleine, wann und wie sein Werk veröffentlicht wird. Ihm alleine ist es auch vorbehalten, etwas über den Inhalt des Werkes zu sagen, solange das Werk noch nicht veröffentlicht worden ist.

§ 12 UrhG
Veröffentlichungsrecht
(1) Der Urheber hat das Recht zu bestimmen, ob und wie sein Werk zu veröffentlichen ist.

(2) Dem Urheber ist es vorbehalten, den Inhalt seines Werkes öffentlich mitzuteilen oder zu beschreiben, solange weder das Werk noch der wesentliche Inhalt oder eine Beschreibung des Werkes mit seiner Zustimmung veröffentlicht ist.

Der Urheber hat ein Recht darauf, dass seine Urheberschaft am Werk anerkannt und entsprechend gekennzeichnet wird.

§ 13 UrhG
Anerkennung der Urheberschaft
Der Urheber hat das Recht auf Anerkennung seiner Urheberschaft am Werk. Er kann bestimmen, ob das Werk mit einer Urheberbezeichnung zu versehen und welche Bezeichnung zu verwenden ist.

Eine Entstellung oder Beeinträchtigung des Werkes kann der Urheber verhindern. So kann z. B. der Eigentümer eines Hundertwasserhauses, dieses nicht nach Belieben äußerlich verändern, sondern müsste den Künstler zunächst um Erlaubnis bitten.

§ 14 UrhG
Entstellung des Werkes
Der Urheber hat das Recht, eine Entstellung oder eine andere Beeinträchtigung seines Werkes zu verbieten, die geeignet ist, seine berechtigten geistigen oder persönlichen Interessen am Werk zu gefährden.

Das Urheberrecht erlischt siebzig Jahre nach dem Tod des Urhebers (§ 64 UrhG). Das Urheberrecht kann dann vererbt werden.

2.4.2 Die Verwertungsrechte

Der Urheber hat das ausschließliche Recht sein Werk zu verwerten. Die Verwertungsrechte beinhalten

- das Vervielfältigungsrecht (§ 16 UrHG),
- das Verbreitungsrecht (§ 17 UrhG),
- das Ausstellungsrecht (§ 18 UrhG),
- Das Vortrags-, Aufführungs- und Vorführungsrecht (§ 19 UrhG),
- das Recht der öffentlichen Zugänglichmachung (§ 19a UrhG),
- das Senderecht (§ 20 UrhG),

- das Recht der Wiedergabe durch Bild- oder Tonträger (§ 21 UrhG),
- Das Recht der Wiedergabe von Funksendungen und von öffentlicher Zugänglichmachung (§ 22 UrhG).

2.4.2.1 Das Vervielfältigungsrecht

Angesichts der bestehenden technischen Möglichkeiten kommt innerhalb der Verwertungsrechte dem Vervielfältigungsrecht eine Schlüsselrolle zu.

Grundsätzlich gilt, dass für Vervielfältigungen die Zustimmung des Urhebers einzuholen ist. Der Urheber kann das Vervielfältigungsrecht, wie sämtliche anderen Verwertungsrechte, über einen Nutzungsvertrag an Dritte abtreten (z. B. an einen Verlag mittels eines Verlagsvertrages, siehe dazu Kap. 2.6.2).

§ 16 UrhG
Vervielfältigungsrecht

(1) Das Vervielfältigungsrecht ist das Recht, Vervielfältigungsstücke des Werkes herzustellen, gleichviel ob vorübergehend oder dauerhaft, in welchem Verfahren und in welcher Zahl.
(…)

Die Vervielfältigung kann auf verschiedenste Art und Weise stattfinden. Kopien von Schriftwerken können mittels Kopiergeräte vervielfältigt werden. Das Einscannen und digitalisieren eines Schriftwerkes ist ebenfalls eine Vervielfältigung. Auch das „Uploaden" eines digitalisierten Werkes in das Internet stellt eine Vervielfältigung dar.

Beispiel

Die Verwendung von sog. Online-Videorekordern, mit denen sich Fernsehprogramme aufnehmen und auf einer persönlichen Sektion eines Servers speichern lassen, verstoßen gegen das Vervielfältigungsrecht. Die Aufnahmen sind auch nicht als Privatkopie zu werten, da die Kopie durch den Diensteanbieter entgeltlich vorgenommen wird. (Aktenzeichen: 14 U 1071/06 (Urteil des OLG Dresden vom 28. 11. 2006)

2.4.2.2 Einschränkung des Vervielfältigungsrechtes

Nicht alle Vervielfältigungen bedürfen der Zustimmung des Urhebers. So werden im Urheberrechtsgesetz in den §§ 44a-63a UrhG Ausnahmen aufgelistet, die eine Vervielfältigung ohne die Zustimmung des Urhebers erlauben. Dies sind z. B.:

- Vervielfältigungen die der Rechtspflege und der öffentliche Sicherheit dienen (vgl. § 45 UrhG).
- Vervielfältigungen für behinderte Menschen, wenn die Vervielfältigung dazu dient, dass behinderte Menschen an dem Werk teilhaben können (vgl. § 45a UrhG).

Allerdings ist die Zustimmung nötig, wenn die Vervielfältigung gewerblichen Zwecken dient, z. B. wenn ein Verlag bekannte Romane in Blindenschrift herausgibt.

- Vervielfältigungen von öffentlichen Reden, wenn sie den Tagesinteressen dienen (vgl. § 48 UrhG) (z. B. druckt eine Zeitung die Neujahrsansprache des Bundespräsidenten). Sammelwerke von öffentlichen Reden bedürfen aber wieder der Zustimmung der einzelnen Urheber.
- Vervielfältigungen und öffentliche Wiedergabe von Zitaten (vgl. § 51 UrhG).
- Öffentliche Zugänglichmachung kleiner Teile eines Werkes, Werke geringen Umfangs sowie einzelne Beiträge aus Zeitungen oder Zeitschriften für Unterricht und Forschung (vgl. § 52a UrhG), sofern diese Einrichtungen nicht-kommerzieller Art sind. Darunter fällt nicht das regelmäßige Kopieren von eigens für den Unterricht konzipierten Werken für gesamte Klassen (z. B. Schulbücher).
- Vervielfältigungen zum privaten oder eigenen wissenschaftlichen Gebrauch (vgl. § 53 UrhG).
- Auch bei diesen zustimmungsfreien Vervielfältigungen ist stets eine genaue Quellenangabe anzugeben (vgl. § 63 (1) UrhG).

§ 53 UrhG besagt somit das Recht auf eine Privatkopie auf beliebigen Trägern, soweit die Kopie nicht von rechtwidrig hergestellten Vorlagen erstellt wird. So ist stellt z. B. der Upload von MP3-Songs in das Internet auf sogenannten Peer-to-Peer Netzwerken eine unerlaubte Vervielfältigung dar, der Download solch eines Songs ist dann keine Privatkopie, sondern ebenfalls eine illegale Handlung. Werden die MP3-Songs jedoch ordnungsgemäß erworben, so können sie als Privatkopie auch auf CDs gebrannt werden. Die Weitergabe an Dritte ist jedoch dann wieder unzulässig.

Für Computerprogramme gelten im Urheberrechtsgesetz gesonderte Vorschriften (§ 69a-g UrhG). § 53 UrhG (Vervielfältigungen zum privaten Gebrauch) gilt aus diesem Grund nicht für Software. Hier besagt § 69 d II, dass lediglich **eine** Sicherheitskopie erlaubt ist. Ist die Software durch einen Kopierschutz geschützt, so darf dieser nicht umgangen werden, um eine Kopie zu erstellen (§ 95a UrhG). Die Verwendung von Software, die den Kopierschutz brechen kann, ist damit verboten.

§ 95a UrhG
Schutz technischer Maßnahmen

(1) Wirksame technische Maßnahmen zum Schutz eines nach diesem Gesetz geschützten Werkes oder eines anderen nach diesem Gesetz geschützten Schutzgegenstandes dürfen ohne Zustimmung des Rechtsinhabers nicht umgangen werden, soweit dem Handelnden bekannt ist oder den Umständen nach bekannt sein muss, dass die Umgehung erfolgt, um den Zugang zu einem solchen Werk oder Schutzgegenstand oder deren Nutzung zu ermöglichen.

(…)

Eine Neuerung aufgrund der Gesetzesreform des Urheberrechts aus dem Jahr 2008 ist dem technischen Fortschritt geschuldet. Öffentlichen Bibliotheken, Archiven und Museen dürfen nun ihre Medien auch in elektronischer Form zur Verfügung stellen. In eingeschränktem Maße dürfen sie zudem Kopien urheberrechtlich geschützter Werke herstellen und Nutzern per E-Mail eine elektronische Kopie eines Werkes zukommen lassen (§ 53a UrhG).

Ebenfalls gestattet ist die Vervielfältigung im Rahmen des öffentlichen und nichtgewerblichen Bildungswesens von kleinen Teilen eines Werkes, sofern es für einen beschränkten Teilnehmerkreis bestimmt ist. So kann ein Lehrer z. B. einige Seiten aus einem Fachbuch ohne weiteres für seinen Schüler kopieren. Erlaubt wäre auch, wenn er die Kopien einscannt und sie auf eine Lernplattform stellt, sofern dort die Zugangsmöglichkeiten nur für den vorgesehenen Teilnehmerkreis beschränkt sind.

§ 52a Öffentliche Zugänglichmachung für Unterricht und Forschung
(1) Zulässig ist,

1. veröffentlichte kleine Teile eines Werkes, Werke geringen Umfangs sowie einzelne Beiträge aus Zeitungen oder Zeitschriften zur Veranschaulichung im Unterricht an Schulen, Hochschulen, nichtgewerblichen Einrichtungen der Aus- und Weiterbildung sowie an Einrichtungen der Berufsbildung ausschließlich für den bestimmt abgegrenzten Kreis von Unterrichtsteilnehmern oder
2. veröffentlichte Teile eines Werkes, Werke geringen Umfangs sowie einzelne Beiträge aus Zeitungen oder Zeitschriften ausschließlich für einen bestimmt abgegrenzten Kreis von Personen für deren eigene wissenschaftliche Forschung öffentlich zugänglich zu machen, soweit dies zu dem jeweiligen Zweck geboten und zur Verfolgung nicht kommerzieller Zwecke gerechtfertigt ist.

(…)

2.4.2.3 Vergütungspflicht bei Vervielfältigungen

Werden Vervielfältigungen für den privaten oder wissenschaftlichen Gebrauch angefertigt (z. B. Kopien aus einem Lehrbuch für das Anfertigen einer Diplomarbeit), so sind diese Vervielfältigungen zwar ohne Genehmigung durch den Urheber zulässig, der Urheber hat aber weiterhin einen Vergütungsanspruch. Da es in der Praxis gar nicht möglich wäre, den Vervielfältiger mit dem Urheber zusammen zu bringen, wird diese Rolle von Verwertungsgesellschaften übernommen.

Verwertungsgesellschaften nehmen die Verwertungsrechte der Urheber war. Um die Vergütungsproblematik zu vereinfachen, wird deshalb von den Herstellern der Vervielfältigungsgeräte (z. B. Kopiergeräte, CD-Brenner etc.) ein Pauschalbetrag erhoben, da angenommen wird, dass es später mit diesen Geräten zu Vervielfältigungen von urheberrechtlich geschützten Werken kommen wird.

Werden Vervielfältigungsgeräte in Schulen, Hochschulen, Bibliotheken oder anderen Bildungseinrichtungen für Vervielfältigungszwecke bereitgehalten, so müssen auch diese Institutionen entsprechende Gebühren an die Verwertungsgesellschaften abführen. Bei Buchkopien ist dies z. B. die VG Wort (www.vg-wort.de). Das Gleiche gilt für Einrichtungen, die solche Geräte entgeltlich bereitstellen (z. B. Copy-Shops, vgl. § 54 UrhG).

2.4.2.4 Das Verbreitungsrecht

Beim Verbreitungsrecht geht es um Folgendes:

> **§ 17 UrhG**
> **Verbreitungsrecht**
> (1) Das Verbreitungsrecht ist das Recht, das Original oder Vervielfältigungsstücke des Werkes der Öffentlichkeit anzubieten oder in Verkehr zu bringen.
> (…)

Der Urheber entscheidet damit also allein, wann und wie sein Werk der Öffentlichkeit angeboten wird. Die Entscheidung über das „In-Verkehr-bringen" unterliegt allerdings dem **Erschöpfungsgrundsatz**, d. h. der Urheber entscheidet nur über den Erstvertrieb. Ist das Werk einmal in den Verkehr gebracht worden, so hat der Urheber über Weiterveräußerungen keine Entscheidungsbefugnis.

> **§ 17 UrhG**
> **Verbreitungsrecht**
> (…)
> (1) Sind das Original oder Vervielfältigungsstücke des Werkes mit Zustimmung des zur Verbreitung Berechtigten im Gebiet der Europäischen Union oder eines anderen Vertragsstaates des Abkommens über den Europäischen Wirtschaftsraum im Wege der Veräußerung in Verkehr gebracht worden, so ist ihre Weiterverbreitung mit Ausnahme der Vermietung zulässig.

Beispiel

Ein Autor entscheidet bei der Veröffentlichung seines neuen Werkes, dass das Buch nur über seine Homepage bestellbar sein sollte. Ein Buchhändler kann dann, das Buch über die Homepage beziehen, es dann aber trotzdem in seinem Geschäft weiterverkaufen.

Vermietung nur mit Zustimmung Die Vermietung des Werkes (z. B. Video-Shop) ist allerdings wiederum nur mit gesonderter Zustimmung des Urhebers möglich (§ 17 (3) UrhG).

Vom Rechtsbegriff der „Vermietung“ ist der Begriff „Verleih“ abzugrenzen. Bei der Vermietung handelt es sich um die zeitlich begrenzte, unmittelbar oder mittelbar Erwerbszwecken dienende Gebrauchsüberlassung. Der Verleih ist immer unentgeltlich und damit nicht von der Zustimmung des Urhebers abhängig.

Beispiel

Eine Musikband veröffentlicht ihr neuestes Album auf CD. Eine CD & Video-Shop kauft 10 dieser CDs und möchte sie vermieten. Dazu wäre die ausdrückliche Zustimmung der Urheber erforderlich.

2.4.2.5 Das Ausstellungsrecht

Erstausstellung nur mit Zustimmung möglich Ähnlich dem Verbreitungsrecht gilt insbesondere für Werke der bildenden Kunst oder Lichtbildwerke (Filme), dass der Urheber entscheidet, wann und ob das Werk der Öffentlichkeit zur Schau gestellt wird. Auch hier gilt wieder der Erschöpfungsgrundsatz, d. h. ist das Werk einmal ausgestellt worden, so wird für weitere Ausstellungen die Einwilligung des Urhebers nicht mehr gebraucht, da es dann nicht mehr als unveröffentlicht gilt (vgl. § 18 UrhG).

2.4.2.6 Das Vortrags-, Aufführungs- und Vorführungsrecht

Das **Vortragsrecht** ist das Recht, ein Sprachwerk durch persönliche Darbietung öffentlich zu Gehör zu bringen (§ 19 (1) UrhG). Das Vortragsrecht unterliegt nicht dem Erschöpfungsgrundsatz. Es verbleibt beim Urheber auch nach der Erstveröffentlichung. Für den öffentlichen Vortrag eines Sprachwerkes muss deshalb die Einwilligung des Urhebers eingeholt werden.

Das **Aufführungsrecht** ist das Recht, ein Werk der Musik durch persönliche Darbietung öffentlich zu Gehör zu bringen oder ein Werk öffentlich bühnenmäßig darzustellen (§ 19 (2) UrhG). Nach der Erstaufführung werden die Urheberrechte bei Musikwerken von der GEMA (Gesellschaft für musikalische Aufführungsrechte), bei Bühnenstücken von Bühnenverlagen, wahrgenommen.

Das **Vorführungsrecht** ist das Recht insbesondere Filme mit Hilfe technischer Hilfsmittel öffentlich wahrnehmbar zu machen (§ 19 (4) UrhG). Auch hier werden nach der Erstveröffentlichung in der Regel die Urheberrechte durch eine Verwertungsgesellschaft (VG Bild & Kunst) wahrgenommen.

2.4.2.7 Bearbeitung, Umgestaltung und freie Benutzung von urheberrechtlich geschützten Werken

Bearbeiten nur mit Zustimmung möglich Bearbeitungen und Umgestaltungen eines Werkes dürfen nur mit Zustimmung des Urhebers veröffentlicht und verwertet werden:

§ 23 UrhG
Bearbeitungen und Umgestaltungen

Bearbeitungen oder andere Umgestaltungen des Werkes dürfen nur mit Einwilligung des Urhebers des bearbeiteten oder umgestalteten Werkes veröffentlicht oder verwertet werden. Handelt es sich um eine Verfilmung des Werkes, um die Ausführung von Plänen und Entwürfen eines Werkes der bildenden Künste, um den Nachbau eines Werkes der Baukunst oder um die Bearbeitung oder Umgestaltung eines Datenbankwerkes, so bedarf bereits das Herstellen der Bearbeitung oder Umgestaltung der Einwilligung des Urhebers.

Unter Bearbeitung ist z. B. gemeint: das Übersetzen, Verfilmen, Dramatisieren, Instrumentalisieren oder Nachbilden in einer anderen Kunstform (z. B. Fotografie wird abgemalt).

Beispiel

Der Roman „Der rote Pelikan" soll verfilmt werden. Für die Veröffentlichung des Filmes wird die Zustimmung des Autors benötigt.

Von der Bearbeitung und Umgestaltung ist jedoch die freie Benutzung abzugrenzen.

§ 24 UrhG
Freie Benutzung

(1) Ein selbständiges Werk, das in freier Benutzung des Werkes eines anderen geschaffen worden ist, darf ohne Zustimmung des Urhebers des benutzten Werkes veröffentlicht und verwertet werden.
(2) Absatz 1 gilt nicht für die Benutzung eines Werkes der Musik, durch welche eine Melodie erkennbar dem Werk entnommen und einem neuen Werk zugrunde gelegt wird.

Die freie Benutzung ist dadurch gekennzeichnet, dass das zugrunde liegende Werk nur als Ausgangspunkt dient und durch die Bearbeitung ein Werk mit einem völlig eigenen Wesenscharakter entsteht, dass nicht mit dem ursprünglichen Werk verwechselt werden kann. Dieses neue Werk ist dann ebenfalls ein urheberrechtlich geschütztes Werk.

Beispiel

Ein Theaterstück wird satirisch völlig überspitzt dargestellt. Es kann ohne Zustimmung des Urhebers aufgeführt werden.

Die freie Benutzung gilt jedoch nicht für Werke der Musik, wenn die Melodie des Ausgangswerkes in dem neuen Werk noch erkennbar ist (§ 24 (2) UrhG).

Die Bearbeitung bzw. Umgestaltung ist in der Praxis oft nur sehr schwierig von der freien Benutzung abzugrenzen und führt daher immer wieder zu Gerichtsprozessen.

2.5 Rechte des Urhebers und des Nutzungsberechtigten

Im Gegensatz zu § 23 UrhG, der die Zustimmung des Urhebers zur Veröffentlichung von bearbeiteten oder umgestalteten Werken erforderlich macht, ist bei Computerprogrammen bereits die bearbeitende oder umgestaltende Handlung zustimmungsbedürftig.

§ 69c UrhG
Zustimmungsbedürftige Handlungen

Der Rechtsinhaber hat das ausschließliche Recht, folgende Handlungen vorzunehmen oder zu gestatten:

(…)

2. die Übersetzung, die Bearbeitung, das Arrangement und andere Umarbeitungen eines Computerprogramms sowie die Vervielfältigung der erzielten Ergebnisse. Die Rechte derjenigen, die das Programm bearbeiten, bleiben unberührt;

(…)

Weiterhin sind die Vervielfältigung und die Verbreitung von der Zustimmung des Urhebers abhängig. Der Begriff der Vervielfältigung bezieht sich hier auf die vorübergehende Vervielfältigung durch den Nutzer des Programms.

Beispiel

Die Installation eines Programms auf einem Server, auf den alle Mitarbeiter eines Unternehmens mittels des Intranets Zugriff haben, stellt bereits eine zustimmungspflichtige Vervielfältigung dar.

Es gilt jedoch, dass jeder rechtmäßige Erwerber eines Computerprogramms sich davon eine **Sicherheitskopie** anfertigen darf. Dieser Grundsatz kann vertraglich nicht durch den Urheber eingeschränkt oder außer Kraft gesetzt werden. Zudem darf der rechtmäßige Erwerber Fehlerberichtigungen im Programm selbst vornehmen, um eine reibungslose Anwendung des Programms zu ermöglichen (vgl. § 69d UrhG).

2.6 Rechtsgeschäfte über die Nutzungsrechte

Einräumung von Nutzungsrechten Die Verwertungsrechte an einem Werk können vom Urheber nicht an eine andere Person übertragen werden. Zum Zwecke der wirtschaftlichen Verwertung kann der Urheber jedoch anderen Personen die Nutzungsrechte

an seinem Werk einräumen. Hierzu sind verschiedene Vertragsarten möglich, wobei das Prinzip der Vertragsfreiheit gilt.
Es wird zwischen dem einfachen und dem ausschließlichen Nutzungsrecht gesprochen. Beim einfachen Nutzungsrecht ist der Inhaber berechtigt, das Werk im vertraglich vereinbarten Umfang zu nutzen. Der Urheber kann weiterhin auch an andere Nutzer das Nutzungsrecht vergeben. Beim ausschließlichen Nutzungsrecht kann der Urheber das Nutzungsrecht nicht noch auf weitere Nutzer übertragen.

Beispiel

Der Autor A schreibt den Roman „Mord im Kirchenhof" und gewährt einer Zeitung das ausschließliche Nutzungsrecht, den Roman mehrteilig in der Tageszeitung zu veröffentlichen. A kann nicht noch einem anderen Verlag Nutzungsrechte an dem Roman erteilen.

Das Nutzungsrecht kann räumlich, zeitlich oder inhaltlich beschränkt eingeräumt werden.

§ 31 UrhG
Einräumung von Nutzungsrechten

(1) Der Urheber kann einem anderen das Recht einräumen, das Werk auf einzelne oder alle Nutzungsarten zu nutzen (Nutzungsrecht). Das Nutzungsrecht kann als einfaches oder ausschließliches Recht sowie räumlich, zeitlich oder inhaltlich beschränkt eingeräumt werden.
(…)

Die Einschränkung, dass Nutzungsrechte nur auf die bis dato bekannten Nutzungsarten eingeräumt werden können, ist mit In-Kraft-Treten des neuen Urheberrechts vom 01. 01. 2008 nicht mehr wirksam, somit können auch für zukünftige, noch unbekannte Nutzungsarten, die Nutzungsrechte eingeräumt werden.

Wird im Nutzungsvertrag bei der Übertragung eines ausschließenden Nutzungsrechtes die Art der Nutzung nicht ausdrücklich definiert, so sind im Zweifel alle Nutzungsarten erlaubt (§ 31 (5) UrhG).

Fehlende Vereinbarungen im Vertrag Fehlt im Nutzungsvertrag eine Vereinbarung über die Vergütung des Urhebers, so hat der Urheber trotzdem Anspruch auf eine angemessene Vergütung. Diese richtet sich nach den in der Branche üblichen Sätzen. Ist die vertraglich vereinbarte Vergütung nicht angemessen, so kann der Urheber vom Vertragspartner die Neuverhandlung dieses Punktes verlangen (vgl. § 32 UrhG).

Sollte ein Werk durch die Nutzung unerwartet hohe Gewinne einbringen, so hat der Urheber ebenfalls ein Recht auf Anpassung der Vertragsvereinbarungen über die Vergütung (vgl. § 32a UrhG).

Beispiel

Sängerin Y hat ihren ersten Plattenvertrag unterschrieben. Der Vertrag ist so konzipiert, dass sie keine Tantieme für die verkauften Platten erhält, dafür der Musikverlag Werbung für sie macht. Y ist zunächst mit der Vertragsgestaltung zufrieden, da es für sie bereits einen großen Karriereschritt darstellt, überhaupt einen Plattenvertrag bekommen zu haben. Die erste Platte wird jedoch unverhofft ein Riesenerfolg. Y kann nach § 32a eine Neuverhandlung der Vertragsbedingungen beanspruchen.

Werke des Arbeitnehmers Schafft ein Arbeitnehmer für seinen Arbeitgeber ein urheberrechtlich geschütztes Werk, so bleibt der Arbeitnehmer Urheber des geschaffenen Werkes. Er muss allerdings die Nutzungsrechte an den von ihm im Rahmen des Arbeitsverhältnisses geschaffenen Werk an den Arbeitgeber übertragen, falls dies Inhalt und Wesen des Arbeitsverhältnisses entspricht oder im Arbeitsvertrag so geregelt ist. Bei Werkverträgen findet im Unterschied dazu keine automatische Übertragung der Nutzungsrechte statt! Gibt ein Unternehmen z. B. die Erstellung eines Firmenlogos bei einer Grafikfirma in Auftrag, so sollte gleich zu Beginn die Übertragung der Nutzungsrechte vereinbart werden. Sonst könnte das Problem entstehen, dass bei anderweitiger Verwendung des Logos die Grafikfirma Urheberrechte geltend macht. Zudem sollte immer auch eine Freistellung von der Beanspruchung der Rechte durch Dritte vereinbart werden, denn die Grafikfirma könnte fremde, urheberrechtlich geschützte Werke in die Seite eingebunden haben.

2.6.1 Der Lizenzvertrag für Software

Kaufrecht beim Lizenzvertrag Beim Lizenzvertrag handelt es sich nicht um einen rechtlich definierten Vertragstyp, sondern je nach seiner Gestaltung kann es sich dabei um einen Kaufvertrag oder um einen Werkvertrag handeln. Bei Standardsoftware handelt es sich in der Regel um einen Kaufvertrag, auf den das Kaufrecht (§§ 433 ff. BGB) anzuwenden ist. Dabei gilt jedoch, dass nur der Datenträger, auf dem die Software gespeichert ist, vollständig in das Eigentum des Käufers übergeht. An der Software selbst erwirbt der Käufer nur ein Nutzungsrecht und muss dabei die urheberrechtlichen Bestimmungen beachten. Die Gewährleistungsrechte bei Mängeln richten sich wiederum nach dem Kaufrecht. Funktioniert also eine Software nicht richtig, so kann der Käufer zunächst nur Nacherfüllung oder Neulieferung verlangen, bevor er vom Kauf zurücktreten oder den Kaufpreis mindern kann. Im Falle eines Verschuldens des Verkäufers sind auch Schadensersatzforderungen möglich.

Werkvertragsrecht beim Lizenzvertrag Bei einer nach Kundenbedürfnissen angefertigten Individualsoftware, kommt in der Regel das Werkvertragsrecht zur Geltung (§ 633 ff. BGB). Auch hier hat der Auftraggeber Anspruch auf eine mängelfreie Werkerstellung sowie Anspruch auf Nachbesserung. Der Auftraggeber muss später bei der Nutzung der Software alle urheberrechtlichen Ansprüche beachten, d. h. er kann die Software nicht beliebig vervielfältigen und weiter vertreiben.

2.6.2 Der Verlagsvertrag

Vervielfältigung nur durch den Verlag Beim Verlagsvertrag ist der Urheber verpflichtet, dem Verleger das Werk zur Vervielfältigung und zur Verbreitung zu überlassen. Der Verleger ist verpflichtet, das Werk zu vervielfältigen und zu verbreiten (§ 1 VerlG). Gegenstand eines Verlagsvertrages können nur Werke der Literatur (im weitesten Sinne) und der Tonmusik sein. Während der Dauer des Vertragsverhältnisses darf der Urheber das Werk nicht selbst vervielfältigen und verbreiten. Genauso wenig darf er das Werk oder Teile des Werkes einem anderen Verlag anbieten. Der Verlag hat somit das ausschließliche Nutzungsrecht, wobei die Art der Nutzung beschränkt ist:

§ 2 UrhG
Vervielfältigungsrechte

(…)
(2) Dem Verfasser verbleibt jedoch die Befugnis zur Vervielfältigung und Verbreitung:

- für die Übersetzung in eine andere Sprache oder in eine andere Mundart;
- für die Wiedergabe einer Erzählung in dramatischer Form oder eines Bühnenwerkes in der Form einer Erzählung; für die Bearbeitung eines Werkes der Tonkunst, soweit sie nicht bloß ein Auszug oder eine Übertragung in eine andere Tonart oder Stimmlage ist;
- für die Benutzung des Werkes zum Zwecke der mechanischen Wiedergabe für das Gehör;
- für die Benutzung eines Schriftwerkes oder einer Abbildung zu einer bildlichen Darstellung, welche das Originalwerk seinem Inhalt nach im Wege der Kinematographie oder eines ihr ähnlichen Verfahrens wiedergibt.

(…)

Der Verleger ist zunächst nur zu einer Auflage berechtigt, der Vertrag kann jedoch weitere Auflagen vorsehen. Zudem darf der Verleger nicht das Einzelwerk ohne Zustimmung des Urhebers in ein Sammelwerk integrieren und herausgeben. Der Ladenpreis für das Werk kann vom Verlag alleine bestimmt werden. Für eine spätere Preiserhöhung muss der Verlag sich jedoch die Zustimmung des Urhebers einholen.

§ 21 VerlG
Ladenpreis

Die Bestimmung des Ladenpreises, zu welchem das Werk verbreitet wird, steht für jede Auflage dem Verleger zu. Er darf den Ladenpreis ermäßigen, soweit nicht berechtigte Interessen des Verfassers verletzt werden. Zur Erhöhung dieses Preises bedarf es stets der Zustimmung des Verfassers.

Der Verlag ist zudem verpflichtet, dem Urheber mindestens fünf und höchstens fünfzehn Freiexemplare zu überlassen (§ 25 VerlG).

2.7 Urheberrechtsverletzungen und ihre Folgen

Jährlich richten Urheberrechtsverletzungen in der Medienbranche immense Schäden allein in Deutschland an. Gerade durch die neuen Medien sind Urheberrechtsverletzungen noch einfacher möglich geworden. Kommt es zu einer Urheberrechtsverletzung, so **hat der Urheber folgende Ansprüche**:

- Beseitigung- und Unterlassungsanspruch (§ 97 (1) S. 1,2 UrhG).
- Schadensersatzanspruch (§ 97 (1) S. 1,2 UrhG).
- Vernichtung oder Überlassung der Vervielfältigungsstücke (§ 98 UrhG).
- Vernichtung oder Überlassung der zur rechtswidrigen Vervielfältigung benutzten Vorrichtungen (§ 99 UrhG).

Zunächst kann der Urheber vom Verletzer die Beseitigung der rechtswidrig hergestellten Vervielfältigungsstücke verlangen. Besteht eine Wiederholungsgefahr, so kann der Urheber bei Wiederholungsgefahr die Unterlassung einfordern. Dabei ist es völlig unerheblich, ob der Verletzer unter Vorsatz oder Fahrlässigkeit gehandelt hat.

Im Falle der Herstellung und des Vertriebs von Raubkopien hat der Urheber Anspruch auf Vernichtung und Überlassung der rechtwidrig hergestellten Kopien. Bei der Überlassung muss er jedoch die Herstellkosten an den Verletzer entrichten. Besitzt jemand ein raubkopiertes Werk, ohne dass er selbst die rechtswidrige Vervielfältigung begangen hat, so kann er trotzdem vom Urheber zur Vernichtung oder Überlassung der Raubkopie veranlasst werden (§ 98 UrhG). Der Schadensersatzanspruch ist verschuldensabhängig, dem Verletzer muss dabei Vorsatz oder Fahrlässigkeit nachweisbar sein. Statt des Schadensersatzes kann der Urheber vom Verletzer die Herausgabe des Gewinnes einfordern, den der Verletzer durch die Urheberrechtsverletzung erzielt hat.

Beispiel

Die Sängerin Juliana M. entdeckt beim Surfen im Internet, dass einer ihrer Songs auf einer Internetseite unerlaubterweise entgeltlich zum Download angeboten wird. Sie kann die Beseitigung ihres Songs aus dem Downloadbereich verlangen und eventuell eine Unterlassungserklärung einfordern. Ist feststellbar, wer alles den Song heruntergeladen hat, kann sie von diesen die Vernichtung der rechtswidrigen Kopie fordern. Gegen den Betreiber der Seite hat sie einen Schadensersatzanspruch.

Die rechtswidrige Vervielfältigung und Verbreitung von Raubkopien im größeren Stil stellt einen Straftatbestand dar, der mit einer Freiheitsstrafe von bis zu drei Jahren geahndet werden kann.

§ 106 UrhG
Unerlaubte Verwertung urheberrechtlich geschützter Werke

(1) Wer in anderen als den gesetzlich zugelassenen Fällen ohne Einwilligung des Berechtigten ein Werk oder eine Bearbeitung oder Umgestaltung eines Werkes vervielfältigt, verbreitet oder öffentlich wiedergibt, wird mit Freiheitsstrafe bis zu drei Jahren oder mit Geldstrafe bestraft.
(2) Der Versuch ist strafbar.

Beispiel

Schüler S kauft sich immer die neuesten Filme aus Hollywood auf DVD, kopiert sie mehrfach und verkauft sie anschließend auf dem Schulhof an Mitschüler.

2.8 Geschmacksmustergesetz – Das „kleine" Urheberrecht

Schutz auch für Internetseiten Das Geschmacksmustergesetz könnte modern ausgedrückt auch als Designschutzgesetz bezeichnet werden, da das ästhetische Erscheinungsbild von Produkten, Internetseiten oder Entwürfen etc. geschützt wird. Es bietet urheberrechtlichen Schutz für zwei- und dreidimensionale Muster und Gestaltungen (z. B. Design von Tapeten oder Möbeln etc.). Aus diesem Grund hat es gerade für Medienberufe eine große Bedeutung, da durch das Geschmacksmustergesetz ein rechtlicher Schutz für Designs geschaffen wird, der durch das Urheberrecht nicht gewährt werden kann, da dort die Anforderungen an die Gestaltungshöhe zu hoch sind.

Zunehmend nehmen auch Web-Designer die Möglichkeiten des Geschmacksmustergesetzes in Anspruch und lassen das Design von Internetseiten schützen.

2.8.1 Wann sind Designs schützenswert?

Wie in Kap. 2.1 ausgeführt, kommt ein urheberrechtlicher Schutz nur für Werke in Frage, wenn eine gewisse schöpferische Gestaltungshöhe erreicht wird. Dies ist bei den meisten Designs in der Weise nicht gegeben (z. B. gepunktete Tapete, Stuhl mit gebogener Rückenlehne etc.), sodass diese Designs nicht unter einen urheberrechtlichen Schutz fallen. An diesem Punkt setzt das Geschmacksmustergesetz an. Dessen Schutz greift bereits, wenn ein Design neu ist und sich dabei deutlich von anderen Designs unterscheidet. Diese Punkte werden detailliert im § 2 GeschmMG geregelt:

§ 2 GeschmMG
Geschmacksmusterschutz

(1) Als Geschmacksmuster wird ein Muster geschützt, das neu ist und Eigenart hat.
(2) Ein Muster gilt als neu, wenn vor dem Anmeldetag kein identisches Muster offenbart worden ist. Muster gelten als identisch, wenn sich ihre Merkmale nur in unwesentlichen Einzelheiten unterscheiden.
(3) Ein Muster hat Eigenart, wenn sich der Gesamteindruck, den es beim informierten Benutzer hervorruft, von dem Gesamteindruck unterscheidet, den ein anderes Muster bei diesem Benutzer hervorruft, das vor dem Anmeldetag offenbart worden ist. Bei der Beurteilung der Eigenart wird der Grad der Gestaltungsfreiheit des Entwerfers bei der Entwicklung des Musters berücksichtigt.

Nach § 2 GeschmMG gilt ein Design nur dann als neu, wenn zuvor nicht schon ein identisches bzw. sehr ähnliches Muster in der Öffentlichkeit gezeigt worden ist, es also „Eigenart" hat. Dieses Kriterium wird vom „informierten Benutzer" bewertet, also von Fachleuten, die in der Branche tätig sind. Die Neuartigkeit geht verloren, wenn das Design nach der ersten kommerziellen Nutzung (z. B. Werbung für das Design) nicht innerhalb von 12 Monaten beim Marken- und Patentamt angemeldet wird.

Durch das GeschmMG kann grundsätzlich immer nur die äußere Gestalt geschützt werden (z. B. die Form von Verpackungen, Möbeln, Kleidung, Spielzeug). Im zweidimensionalen Gestaltungsbereich können Farbdesigns, grafische Symbole, Schriftzeichen, Screenshots von Web-Seiten etc. geschützt werden.

2.8.2 Wie verläuft die Anmeldung eines Geschmacksmusters?

Für die Registrierung eines Geschmacksmusters ist das **Marken- und Patentamt** zuständig. Neben den üblichen Formularen genügt es, wenn zur Anmeldung eine grafische oder fotografische Darstellung des Designs eingereicht wird. Allerdings wird die Anmeldung nicht inhaltlich geprüft, d. h. das Marken- und Patentamt prüft nicht ob für das Design, die Eigenart und die Neuartigkeit tatsächlich gegeben sind. Dies wird erst festgestellt, wenn ein Dritter plötzlich Rechte an dem Design geltend machen sollte und es zu einem Rechtsstreit kommt.

Die Person, die ein Muster anmeldet, erwirbt daraus das ausschließliche Recht, das Muster verwerten zu dürfen. Das Recht ist übertragbar. Die Schutzfrist beträgt mindestens fünf Jahre und höchstens 20 Jahre.

Die **Geschmacksmusteranmeldung** kostet ca. 100–150 € an **Gebühren**. Hinzugerechnet werden muss natürlich noch der mit der Anmeldung einhergehende Arbeitsaufwand. Die Anmeldung hat nur dann Sinn, wenn eine kommerzielle Nutzung der Muster erfolgen kann. Beim Web-Design ergibt sich zudem die Problematik, dass

Veränderungen an der Seite jedes Mal zu Überlegung führen, ob das aktuelle Design nun noch geschützt ist oder ob eine Neuanmeldung erforderlich wird.

Lernkontrolle zu Kap. 2

1. Maler Mollet hat sein Bild an den Kunstsammler Schneider verkauft. Dieser lässt Kopien in Form von Kunstdrucken von dem Bild erstellen und veräußert diese. Hat Mollet irgendwelche Rechte?
2. Mollet hat sein Bild an den Kunstsammler Schneider verkauft, dieser vermietet das Bild an eine Kunstausstellung. Hat Mollet irgendwelche Rechte?
3. Mollet hat sein Bild an den Kunstsammler Schneider verkauft, dieser verleiht das Bild an eine städtische Kunstausstellung. Hat Mollet irgendwelche Rechte?
4. Ein Fotograf verkauft Bilder vom Regenwald an eine Umweltorganisation. Im Kaufvertrag ist bestimmt, dass die Bilder zur Gestaltung eines Kalenders verwendet werden dürfen. Die Organisation verwendet die Bilder zu Werbezwecken auch auf der Homepage. Der Fotograf ist mit dieser Nutzung nicht einverstanden. Wie ist die Rechtslage?
5. Lehrer L kopiert einen Zeitungsartikel für seinen Unterricht für die gesamte Klasse. Wie ist die Rechtslage?
6. In der Medienagentur wird eine Einzellizenz eines Grafikprogramms gekauft. Die Software wird anschließend auf den Server des Unternehmens gestellt, sodass über das Firmennetzwerk alle Mitarbeiter mit dem Programm arbeiten können. Wie ist die Rechtslage?
7. Privatmann Benno B. möchte seinen neu gekauften WYSYWIG-Editor kopieren, um eine Sicherheitskopie zu erhalten. Er stellt fest, dass das Programm durch einen Kopierschutz gesichert ist. Benno umgeht mit einem speziellen Kopierprogramm den Schutz, da er meint, dass er auf jeden Fall ein Recht auf eine Privatkopie der Software hat. Hat Benno recht?
8. Web-Designer Carlo möchte das Layout seiner Homepage schützen lassen. Welche rechtlichen Möglichkeiten bieten sich ihm?

Markenrecht

3

3.1 Aufgabe des Markenrecht

Unsere Volkswirtschaft ist gekennzeichnet durch gesättigte Märkte. Unternehmen scheuen keine Kosten und Mühen, um Marktanteile zu erobern oder zumindest um ihre Marktpositionen zu sichern. Eine wichtige Rolle spielen dabei die Marken. Marken haben die Funktion von Leuchttürmen in einem Meer der Massenware. Sie sollen dem Kunden Orientierung geben und von ihm mit Qualität oder einem bestimmten Lebensgefühl assoziiert werden. Um dies zu erreichen, werden von den Unternehmen große Anstrengungen unternommen, um eine Marke aufzubauen. Da Marken für Unternehmen einen immensen Mehrwert schaffen, müssen sie vor Missbrauch geschützt werden. Diese Funktion übernimmt das Markenrecht.

3.2 Was wird durch das Markengesetz geschützt?

Nach § 1 sind durch das Markengesetz geschützt:

- Marken,
- geschäftliche Bezeichnungen,
- geographische Herkunftsangaben.

Für die Gestaltung der Marke gilt folgende Regelung:

C. Kaesler, *Recht für Medienberufe*,
DOI 10.1007/978-3-658-14200-1_3

§ 3 MarkenG
Als Marke schutzfähige Zeichen

(1) Als Marke können alle Zeichen, insbesondere Wörter einschließlich Personennamen, Abbildungen, Buchstaben, Zahlen, Hörzeichen, dreidimensionale Gestaltungen einschließlich der Form einer Ware oder ihrer Verpackung sowie sonstige Aufmachungen einschließlich Farben und Farbzusammenstellungen geschützt werden, die geeignet sind, Waren oder Dienstleistungen eines Unternehmens von denjenigen anderer Unternehmen zu unterscheiden.

(2) Dem Schutz als Marke nicht zugänglich sind Zeichen,

- die ausschließlich aus einer Form bestehen,
- die durch die Art der Ware selbst bedingt ist,
- die zur Erreichung einer technischen Wirkung erforderlich ist oder
- die der Ware einen wesentlichen Wert verleiht.

Die **Markenfähigkeit** ist nur gegeben, wenn die Marke das Produkt von anderen Produkten unterscheidbar macht. Deshalb können rein produktbeschreibende Begriffe nicht als Marke eingetragen werden. Dies gilt auch für Formen und Eigenschaften, die sich aus dem Produkt selbst ergeben (z. B. Stuhl mit vier Füßen, goldene Farbe des Bieres etc.). Genauso wenig kann eine Produkteigenschaft (z. B. Uhr mit Tagestemperaturanzeige) oder ein wesentlicher Wertfaktor des Produktes (z. B. Uhr aus Gold) als Marke geschützt werden.

Nach § 3 MarkenG gilt, dass Zeichen oder Zeichenfolgen Markenschutz erlangen können (z. B. die Zigarettenmarke R1, SLK als Automarke etc.). Bei reinen **Ziffernfolgen** (z. B. 4711) gilt der Grundsatz, dass es mindestens drei Ziffern sein sollten, allerdings sind hier Ausnahmen denkbar.

Weiterhin kann auch eine bestimmte Form eines Produktes, z. B. besonders geformte Flaschen eines Getränkeherstellers, als Marke geschützt werden. Dieser Schutz ist jedoch eingeschränkt. Auch hier gilt wieder, dass Formen nicht schützbar sind, wenn sie sich durch das Produkt selbst ergeben oder sie keine wesentlichen Unterscheidungsmerkmale gegenüber den Konkurrenzprodukten haben.

Farbzusammenstellungen lassen sich als Marken schützen. So hat die Deutsche Telekom AG die Farbe Magenta als Marke zugesprochen bekommen. Problematisch ist hier jedoch die Frage, ab wann eine Benutzung der Farbe durch andere Unternehmen als Verletzung des Markenschutzes angesehen werden kann.

Hörmarken (sog. Jingles) können ebenfalls Schutz durch das Markenrecht erlangen (z. B. die typische Tonfolge der Telekom oder von Toyota). Sie muss jedoch grafisch, also mittels Musiknoten, dargestellt werden.

Werbeslogans erreichen nur dann Markenstatus, wenn sie eine sehr hohe Wiedererkennungsrate in Verbindung mit einem bestimmten Produkt für sich in Anspruch nehmen können und es durch die Konkurrenz keine ähnlichen Slogans gibt.

Geschäftliche Bezeichnungen, also **Firmennamen** einschließlich der Logos, erhalten ebenfalls über das Markenrecht Schutz. Das Gleiche gilt für Werktitel. **Werktitel** sind die Namen oder besonderen Bezeichnungen von Druckschriften, Filmwerken, Tonwerken, Bühnenwerken oder sonstigen vergleichbaren Werken (§ 5 MarkenG).

Auch die **dreidimensionale Gestaltung** eines Produktes oder ihrer Verpackung kann als Marke geschützt werden. So ist z. B. die äußere Form des Porsche Boxter als Marke eingetragen (Aktenzeichen: I ZB 33/04, BGH-Beschluss vom 15.12.2005).

Marken dürfen nicht täuschen Marken, die geeignet sind, das Publikum über die Art, die Beschaffenheit oder die geographische Herkunft der Waren zu täuschen, sind von der Eintragung ausgeschlossen (§ 8 (2) MarkenG).

Beispiel

Ein Uhr aus goldlegiertem Stahl soll unter der Marke „Gold-Watch 2000" verkauft werden. Die Marke hat einen irreführenden Charakter und darf nicht eingetragen werden.

Eine Verwendung von Staatswappen, Staatsflaggen oder anderer staatlicher Hoheitszeichen in Marken, ist ebenfalls unzulässig. Das Gleiche gilt für Wappen oder Kennzeichen zwischenstaatlicher Organisationen (z. B. der Nato) (§ 8 (2) MarkenG).

3.3 Wie entsteht der Markenschutz?

Der Markenschutz entsteht durch die Eintragung eines Zeichens als Marke in das vom Marken- und Patentamt geführte Register. Bei der Antragsstellung prüft das Markenamt, ob die Marke gegen die absoluten Schutzhindernisse des § 8 MarkenG (siehe oben) verstößt. Also ob z. B. die Marke lediglich produktbeschreibenden Charakter hat und ihr somit die Markenfähigkeit versagt bleibt. Das Markenamt prüft nicht, ob die neue Marke die Rechte einer bereits eingetragenen Marke verletzt. In solch einem Falle müssen die Inhaber der verletzten Marke selbst tätig werden und die Löschung der neu eingetragenen Marke beantragen. Das Markenamt stimmt der Löschung zu, wenn die Marke gegen die sog. relativen Schutzhindernisse (§ 9 MarkenG) verstößt. Relative Schutzhindernisse sind gegeben, wenn die neu eingetragene Marke mit einer bereits eingetragenen, älteren Marke identisch ist und beide Marken für die gleiche Ware stehen. Das Gleiche gilt, wenn die Gefahr besteht, dass Verbraucher die neue Marke mit einer bereits eingetragenen Marke verwechseln könnten. Muss befürchtet werden, dass die ältere Marke durch die neue Marke ausgenutzt oder in Misskredit gebracht wird, so ist ebenfalls ein Löschungsgrund gegeben (§ 9 (1) MarkenG).

Lernkontrolle zu Kap. 3

Lösen Sie bitte die folgenden Fälle mit den vorherigen Ausführungen und Paragrafen!

1. Das Unternehmen Zitrola produziert alkoholische Orangensaftgetränke. Es überlegt sich, ob der orangene Farbton der Getränke als Marke schutzfähig ist. Ist dies möglich?
2. Die Lecker AG fertigt Schokoladentafeln in der typisch sechseckigen Form. Ist diese Form als Marke schützensfähig?
3. Der Möbelhersteller Holzwurm hat eine neue Generation von Büroschreibtischen entwickelt. Er möchte die Modellreihe „der Schreibtisch“ nennen. Ist dies möglich?
4. Unternehmen Feinwasch hat ein neues Waschmittel entwickelt. Zu Werbezwecken werden die Waschmittelverpackungen mit einem Duftstoff kräftig eingesprüht. Feinwasch will den Duftstoff als Marke eintragen. Ist dies möglich?

4 Recht der Werbung

Unternehmen verfolgen mit Werbung das Ziel, ihren Absatz bzw. Umsatz anzukurbeln. Da viele Medienberufe an der Gestaltung und Durchführung von Werbung beteiligt sind, ist eine genaue Kenntnis der wichtigsten Regelungen des Werberechts dringend geboten, da besonders in diesem Bereich Gesetzesverstöße schnell sehr kostspielig werden können.

Die Gesetze, die für die Erstellung und Verbreitung von Werbung zu beachten sind, finden sich vorrangig im:

- Gesetz gegen den unlauteren Wettbewerb (UWG).
- Heilmittelwerbegesetz (HWG).
- Lebensmittel- und Bedarfsgegenständegesetz (LMG).
- Jugendschutzgesetz (JSchG).
- Preisangabenverordnung (PAngVO).
- Jugendmedienschutzstaatsvertrag (JMStV).

4.1 Unlauterer Wettbewerb

Das Gesetz gegen den unlauteren Wettbewerb (UWG) bezieht sich nicht nur auf Werbung, sondern auf sämtliche Handlungen, die Unternehmen vornehmen, um im Konkurrenzkampf gegeneinander zu bestehen. Dies sind z. B. Aktionen wie Räumungsverkäufe, Sonderveranstaltungen, Rabattschlachten etc. Das UWG soll dabei eine gewisse „Fairness“ zwischen den Wettbewerbern herstellen und versucht, den Verbraucher vor unangemessenen Benachteiligungen zu schützen.

C. Kaesler, *Recht für Medienberufe*,
DOI 10.1007/978-3-658-14200-1_4

§ 3 UWG
Verbot unlauteren Wettbewerbs
Unlautere Wettbewerbshandlungen, die geeignet sind, den Wettbewerb zum Nachteil der Mitbewerber, der Verbraucher oder der sonstigen Marktteilnehmer nicht nur unerheblich zu beeinträchtigen, sind unzulässig.

4.1.1 Irreführende Werbemaßnahmen

Werbung muss im Zweifel immer auf ihre objektive Richtigkeit geprüft werden können. Die folgenden Angaben über ein Produkt müssen immer objektiv richtig sein (vgl. § 5 (2) UWG):

- Verfahren und Zeitpunkt der Herstellung.
- Verwendungsmöglichkeiten.
- Zwecktauglichkeiten.
- Geographische oder betriebliche Herkunft.
- Wesentliche Bestandteile von Tests der Produkte.

§ 5 UWG besagt nicht, dass all diese Angaben in der Werbung enthalten sein müssen. Er sagt jedoch, dass diese Angaben objektiv richtig sein müssen, falls sie gemacht werden. Um **irreführende Werbung** handelt es sich deshalb dann, wenn der Verbraucher über die tatsächlichen Eigenschaften des Produktes falsch informiert wird.

Beispiel
Der Möbelhersteller MöbelMax wirbt mit der Info „MöbelMax – der einzige Möbelhersteller, der ausschließlich Biolackstoffe verwendet!“ Da ein Möbelhersteller in der Regel keine so umfassende Kenntnis von der Produktion der Konkurrenz hat, und daher nicht wirklich weiß, ob seine Werbeinhalte der Wahrheit entsprechen, kann er mit diesem Merkmal nicht bei den Verbrauchern werben.

Für einige Produkte, wie z. B. Nahrungsmittel und Medikamente, gelten zusätzlich noch engere Vorschriften (z. B. Nahrungsmittelverordnung), da hier der Verbraucherschutz eine besondere Bedeutung hat.

Nicht nur die verfälschte Angabe einer bestimmten Eigenschaft kann irreführend sein. Auch das **Weglassen einer Angabe** kann als irreführend eingestuft werden. Dies ist dann der Fall, wenn die Angabe für eine Kaufentscheidung Bedeutung hat.

Beispiel
Ein Gebrauchtwagenhändler wirbt für einen gebrauchten BMW, verschweigt aber, dass es sich um ein Unfallfahrzeug handelt.

4

Als irreführend gelten zudem die sog. Lockvogelangebote. **Lockvogelangebote** sind Warenangebote, die den Kunden ins Geschäft „locken" sollen, dort aber nur in geringen Mengen bevorratet werden.

§ 5 UWG Irreführende Werbung

(…)
(5) Es ist irreführend, für eine Ware zu werben, die unter Berücksichtigung der Art der Ware sowie der Gestaltung und Verbreitung der Werbung nicht in angemessener Menge zur Befriedigung der zu erwartenden Nachfrage vorgehalten ist. Angemessen ist im Regelfall ein Vorrat für zwei Tage, es sei denn, der Unternehmer weist Gründe nach, die eine geringere Bevorratung rechtfertigen. Satz 1 gilt entsprechend für die Werbung für eine Dienstleistung.

Dies gilt z. B. für Schaufensterauslagen, die im Geschäft selbst nicht mehr zu erwerben sind. Verschiedene Discounter sind in letzter Zeit in die Kritik gekommen, da sie z. B. Flug- oder Bahntickets zu Billigstpreisen in Zeitungsannoncen beworben hatten, die Tickets dann aber innerhalb von Stunden ausverkauft waren.

Mindestmenge des Angebots Das anbietende Unternehmen muss in solch einem Fall die Angebotsmenge derart stark erhöhen, dass sie nicht nach kurzer Zeit ausverkauft ist. Man geht im Allgemeinen davon aus, dass das Unternehmen den Absatz im Voraus so zu kalkulieren hat, dass die Ware zwei Tage lang käuflich ist.

Als Lockvogelangebot gilt nicht die übliche Preissenkung bei Waren (Schnäppchenangebote), um den Absatz anzukurbeln.

4.1.2 Vergleichende Werbung

Vergleichende Werbung ist grundsätzlich erlaubt, sie hat jedoch nach genau bestimmten Spielregeln zu erfolgen. Das Gesetz definiert zunächst in § 6 (1) UWG, was unter vergleichender Werbung zu verstehen ist:

§ 6 UWG
Vergleichende Werbung

(1) Vergleichende Werbung ist jede Werbung, die unmittelbar oder mittelbar einen Mitbewerber oder die von einem Mitbewerber angebotenen Waren oder Dienstleistungen erkennbar macht.
(…)

Vergleichende Werbung ist also dann gegeben, wenn in der Werbung ein Vergleich mit einem Konkurrenzunternehmen oder dessen Produkt stattfindet und die Identität des Konkurrenzunternehmens erkennbar wird.

Beispiel

Werbung eines Supermarktes im Bezug auf Kaffee: „500 g Tansania Kaffee ist bei uns immer billiger als beim Discounter MaxiPrice".

Das Konkurrenzunternehmen muss dabei nicht unbedingt explizit genannt sein. Für die Einstufung als vergleichende Werbung genügt es, wenn sie so gestaltet ist, dass die Verbraucher leicht auf ein bestimmtes Konkurrenzunternehmen schließen können.

Beispiel

Werbung eines Supermarktes im Bezug auf Kaffee: „500 g Tansania Kaffee ist bei uns immer billiger als sonst wo in der Weststadt". In der Weststadt gibt es sonst noch zwei große Supermärkte. Obwohl in der Kaffeewerbung diese nicht genannt sind, weiß der Kunde sofort, welche Konkurrenten gemeint sind. Eine vergleichende Werbung ist damit gegeben.

Vergleichende Werbung ist prinzipiell erlaubt, sie hat jedoch nach bestimmten Regeln zu erfolgen. Verstößt sie dagegen, so handelt es sich um unlauteren Wettbewerb.

Vergleichende Werbung ist unlauter, wenn:

§ 6 UWG
Vergleichende Werbung

(…)

(2) Unlauter im Sinne von § 3 handelt, wer vergleichend wirbt, wenn der Vergleich

1. sich nicht auf Waren oder Dienstleistungen für den gleichen Bedarf oder dieselbe Zweckbestimmung bezieht,
2. nicht objektiv auf eine oder mehrere wesentliche, relevante, nachprüfbare und typische Eigenschaften oder den Preis dieser Waren oder Dienstleistungen bezogen ist,
3. im geschäftlichen Verkehr zu Verwechslungen zwischen dem Werbenden und einem Mitbewerber oder zwischen den von diesen angebotenen Waren oder Dienstleistungen oder den von ihnen verwendeten Kennzeichen führt,
4. die Wertschätzung des von einem Mitbewerber verwendeten Kennzeichens in unlauterer Weise ausnutzt oder beeinträchtigt,
5. die Waren, Dienstleistungen, Tätigkeiten oder persönlichen oder geschäftlichen Verhältnisse eines Mitbewerbers herabsetzt oder verunglimpft oder
6. eine Ware oder Dienstleistung als Imitation oder Nachahmung einer unter einem geschützten Kennzeichen vertriebenen Ware oder Dienstleistung darstellt.

Ein Vergleich mit einem Konkurrenzunternehmen in der Werbung muss also nach dem Gebot der Fairness stattfinden. Der Vergleich darf nur angestellt werden, wenn die Produkte von ihrer Zweckbestimmung her gleich sind und objektiv richtig Angaben gemacht werden.

Beispiel

Unlauter wäre z. B. ein Vergleich eines Automobilherstellers im Bezug auf den Kraftstoffverbrauch, wenn das Konkurrenzauto eine viel höhere PS-Zahl hat und dies in der Werbung nicht genannt wird.

Für **Preisvergleiche** gilt:

§ 6 UWG
Vergleichende Werbung

(…)

(3) Bezieht sich der Vergleich auf ein Angebot mit einem besonderen Preis oder anderen besonderen Bedingungen, so sind der Zeitpunkt des Endes des Angebots und, wenn dieses noch nicht gilt, der Zeitpunkt des Beginns des Angebots eindeutig anzugeben. Gilt das Angebot nur so lange, wie die Waren oder Dienstleistungen verfügbar sind, so ist darauf hinzuweisen.

Wird also bei einem Preisvergleich der eigene Sonderpreis mit dem normalen Listenpreis des Konkurrenten verglichen, so ist auf den Zeitraum dieses Angebots hinzuweisen, damit der Verbraucher das Angebot entsprechend einschätzen kann.

Für die vergleichende Werbung wie für die Werbung allgemein gilt, dass sie objektiv richtig sein muss und einer Nachprüfung standhalten muss.

4.1.3 Belästigende Werbemaßnahmen

Werbemaßnahmen, die eine unzumutbare Belästigung darstellen, sind nicht erlaubt:

§ 7 UWG
Unzumutbare Belästigungen

(1) Unlauter im Sinne von § 3 handelt, wer einen Marktteilnehmer in unzumutbarer Weise belästigt.

(…)

Als **unzumutbare Belästigungen** gelten:

§ 7 UWG
Unzumutbare Belästigungen

(…)

(2) Eine unzumutbare Belästigung ist insbesondere anzunehmen

- bei einer Werbung, obwohl erkennbar ist, dass der Empfänger diese Werbung nicht wünscht;
- bei einer Werbung mit Telefonanrufen gegenüber Verbrauchern ohne deren Einwilligung oder gegenüber sonstigen Marktteilnehmern ohne deren zumindest mutmaßliche Einwilligung;
- bei einer Werbung unter Verwendung von automatischen Anrufmaschinen, Faxgeräten oder elektronischer Post, ohne dass eine Einwilligung der Adressaten vorliegt;
- bei einer Werbung mit Nachrichten, bei der die Identität des Absenders, in dessen Auftrag die Nachricht übermittelt wird, verschleiert oder verheimlicht wird oder bei der keine gültige Adresse vorhanden ist, an die der Empfänger eine Aufforderung zur Einstellung solcher Nachrichten richten kann, ohne dass hierfür andere als die Übermittlungskosten nach den Basistarifen entstehen.

Die Zustellung von Postwurfsendungen ist damit gesetzeswidrig, wenn am Briefkasten deutlich sichtbar ein Schild mit der Aufschrift „Bitte keine Werbung!" angebracht ist.

Unaufgeforderte Telefonanrufe zu Verkaufszwecken im Privatbereich des Verbrauchers sind ebenfalls als Verstoß gegen das UWG zu werten. Im Geschäftsbereich gelten unaufgeforderte Telefonanrufe zu Verkaufszwecken nur dann als erlaubt, wenn bereits eine Geschäftsbeziehung zum anrufenden Unternehmen besteht. Die Unlauterkeit unaufgeforderter Fax-Werbung ist besonders einleuchtend, da pro empfangenes Fax nicht unerhebliche Kosten (Druckerpatrone, Papier etc.) entstehen. (Zur E-Mail Werbung siehe Kap. 5.5.1).

4.2 Preisangaben in der Werbung

Zusätzlich zum UWG dient die **Preisangabenverordnung** (PreisangabenVO) dazu, den Verbraucher vor irreführenden Preisangaben in der Werbung zu schützen.

Grundsätzlich muss bei Werbung, die sich an den Endverbraucher richtet, immer der Bruttopreis angegeben werden. Zudem muss deutlich gemacht werden, dass die Umsatzsteuer im Preis enthalten ist. Liefer- und Versandkosten sind ebenfalls in ihrer genauen Höhe anzugeben. Bei bestimmten Produkten (z. B. Lebensmittel) ist auch die Verkaufs- oder Leistungseinheit und die Gütebezeichnung anzugeben, auf die sich die Preise beziehen (§ 1 (1) PreisangabenVO). Kann über den Preis verhandelt werden, so ist darauf ebenfalls hinzuweisen. Bei offener Ware oder Ware, die frei nach Gewicht, Volumen, Länge etc. verkauft wird, ist neben dem Endpreis auch der Preis je Mengeneinheit (Grundpreis) einschließlich der Umsatzsteuer anzugeben.

Wirbt jemand mit Nettopreisen, weil er hauptsächlich mit Gewerbetreibenden handelt, muss er darauf deutlich hinweisen. Dies hat besondere Bedeutung für die Werbung auf Internetseiten, auf die Endverbraucher schnell zugreifen können. Dem Verbraucher muss dann ersichtlich sein, dass es sich bei dem Anbieter auf der Seite um jemanden handelt, der sich mit seinen Preisen nicht an den Endverbraucher, sondern an andere Unternehmen wendet (sog. Business-to-Business Bereich).

4.3 Jugendschutz in der Werbung

Kinder und Jugendliche verfügen meist noch nicht über die nötige Reife und Erfahrung, den Werbeangeboten in den Medien kritisch gegenüber zu stehen.

Im Jugendschutzgesetz sowie im Jugendmedienschutzstaatsvertrag sind deshalb zahlreiche Gesetze verfasst, die den Jugendschutz in der Werbung regeln. Grundlegend gibt der § 6 JMStV folgende Regeln zur Gestaltung der Werbung vor:

§ 6 JMStV
Jugendschutz in der Werbung und im Teleshopping

(2) Werbung darf Kindern und Jugendlichen weder körperlichen noch seelischen Schaden zufügen, darüber hinaus darf sie nicht

1. direkte Kaufappelle an Kinder oder Jugendliche enthalten, die deren Unerfahrenheit und Leichtgläubigkeit ausnutzen,
2. Kinder und Jugendliche unmittelbar auffordern, ihre Eltern oder Dritte zum Kauf der beworbenen Waren oder Dienstleistungen zu bewegen,
3. das besondere Vertrauen ausnutzen, das Kinder oder Jugendliche zu Eltern, Lehrern und anderen Vertrauenspersonen haben, oder
4. Kinder oder Minderjährige ohne berechtigten Grund in gefährlichen Situationen zeigen.

Der deutsche Werberrat hat zur Werbung von Kindern für alle Werbetreibenden Verhaltensregeln aufgestellt:

1. Sie sollen keinen Vortrag von Kindern über besondere Vorteile und Eigenarten des Produktes enthalten, der nicht den natürlichen Lebensäußerungen des Kindes gemäß ist.
2. Sie sollen keine direkten Aufforderungen zu Kauf oder Konsum an Kinder enthalten.
3. Sie sollen keine direkten Aufforderungen von Kindern und/oder an Kinder enthalten, andere zu veranlassen, ein Produkt zu kaufen.
4. Sie sollen nicht das besondere Vertrauen, das Kinder bestimmten Personen entgegenzubringen pflegen, missbräuchlich ausnutzen.

5. Aleatorische Werbemittel (z. B. Gratisverlosungen, Preisausschreiben und -rätsel u. ä.) sollen die Umworbenen nicht irreführen, nicht durch übermäßige Vorteile anlocken, nicht die Spielleidenschaft ausnutzen und nicht anreißerisch belästigen.
6. Sie sollen strafbare Handlungen oder sonstiges Fehlverhalten, durch das Personen gefährdet werden können, nicht als nachahmenswert oder billigenswert darstellen oder erscheinen lassen.
   (…)
7. Es sollen keine direkten Kaufaufforderungen an Jugendliche gerichtet werden, die deren Unerfahrenheit und Leichtgläubigkeit ausnutzen.
8. Jugendliche sollen nicht unmittelbar dazu aufgefordert werden, ihre Eltern oder Dritte zum Kauf der beworbenen Ware oder Dienstleistung zu bewegen.
9. Es soll nicht das besondere Vertrauen, das Jugendliche zu Eltern, Lehrern und anderen Vertrauenspersonen haben, ausgenutzt werden.
10. Jugendliche sollen nicht ohne berechtigten Grund in gefährlichen Situationen gezeigt werden.
   (Quelle: www.interverband.de (19.02.2006))

Diese Regeln sind freiwillig, der größere Teil ist jedoch bereits in die aktuellen Gesetze eingearbeitet. Doch gerade in der Fernsehwerbung, die sich an Kinder richtet, finden sich Beispiele für Grenzfälle. So z. B. eine bestimmte Joghurtwerbung, in der Kinder ihre Mütter zum Kauf auffordern („Liebe Muttis, kauft…!"), kann als Verstoß gegen die Verhaltensregeln des deutschen Werberates gewertet werden. Zumindest ist der Fall grenzwertig.

4.4 Schranken der Werbung in den Medien

Die Werbung in den Medien wird neben den allgemeinen Gesetzen des unlauteren Wettbewerbsgesetzes durch das Presse- und Rundfunkrecht geregelt.

Das Presserecht schreibt für redaktionelle Medien (Zeitungen, Zeitschriften etc.) vor, dass sämtliche Werbeanzeigen deutlich mit der Kennzeichnung „Anzeige" zu versehen sind. Es soll eine Irreführung des Lesers vermieden werden, indem redaktionelle Beiträge, die unter dem Primat einer möglichst objektiven und sachlichen Berichterstattung stehen, klar von Werbebeiträgen getrennt sind. Dies deckt sich auch mit § 4 Nr. 3 UWG, in dem als Beispiel für unlauteren Wettbewerb Wettbewerbshandlungen aufgeführt sind, deren Werbecharakter verschleiert wird (Schleichwerbung). Auch das allgegenwärtige Product Placement (zu dt. Produktplatzierung), bei dem ein Produkt oder ein Firmenname in einen Film oder eine Sendung integriert wird, ohne dass dies für den Zuschauer deutlich als Werbung gekennzeichnet ist, kann im Grunde als Schleichwerbung verstanden werden und ist damit ein Verstoß gegen das UWG.

Beispiel

In einer Daily Soap wird in einer Bar immer deutlich sichtbar ein bestimmter Markenorangensaft ausgeschenkt.

Es muss sich dabei nicht um eine irreführende Darstellung der Produkteigenschaften handeln. Es genügt die Tatsache, dass Product Placement eine Wettbewerbshandlung darstellt, deren Werbecharakter verschleiert ist (§ 4 Ziff. 3 UWG).

Lernkontrolle zu Kap. 4

Lösen Sie bitte die folgenden Fälle mit den vorherigen Ausführungen und Paragrafen!

1. Der Discounter MiniPrice bietet in groß aufgemachten Werbeanzeigen einen qualitativ hochwertigen Multimedia-PC für 499,- € an. Das Angebot ist derart gut, dass es bereits nach drei Stunden ausverkauft ist. Liegt ein Verstoß gegen das Werberecht vor?
2. Der Discounter XY-Price setzt den Preis für einen Restposten herunter und bewirbt diese Preissenkung mit dem wöchentlichen Prospekt. Die Ware ist deutlich als Restposten gekennzeichnet. Sie ist bereits nach wenigen Stunden ausverkauft. Rechtslage?
3. Ein Supermarkt wirbt auf seinen Prospekten mit dem folgenden Spruch:
   „Im Gegensatz zu unserem Konkurrenten in der Weststadt bieten wir nur erstklassiges Fleisch an!"
   Handelt es sich bei dem Spruch um erlaubte, vergleichende Werbung?
4. Heinz Glück hat auf seinem Briefkasten einen Aufkleber mit der Aufschrift „Bitte keine Werbung" angebracht! Die Prospektverteiler der Firma ElektroBillig werfen trotzdem immer wieder ihre Prospekte ein. Dies tun sie auf Anweisung der Geschäftsleitung von ElektroBillig, die für ihre aggressiven Werbekampagnen bekannt ist.
5. Im Schaufenster von Elektrobillig wird ein Laserdrucker für 89,- € (zzgl. MwSt.) angeboten.
6. Die XY-Medikamenten AG finanziert die Episode einer Vorabendserie, dafür sprechen die Schauspieler in einer Passage der Sendung sehr lobend über ein bestimmtes Medikament der XY-Medikamenten AG.

Internetrecht

5

5.1 Rechtsprobleme bei der Domain

5.1.1 Technische Grundlagen zur Domain

Das Internet ist ein Netzwerk von Millionen unter einander verbundenen Computern. Damit sie kommunizieren können, müssen sie in der Lage sein, sich zu identifizieren. Um eine Verbindung aufbauen zu können, benötigen sie eine eindeutige Zieladresse. Zur Identifizierung besitzt jeder Computer im Internet eine eigene Adresse, sog. IP-Adressen. Dies sind lange Ziffernfolgen, vergleichbar mit Telefonnummern. (z. B. 84.173.242.139). Diese Ziffernfolgen erwiesen sich mit der zunehmenden Verbreitung des Internets aber als zu umständlich für den Internetnutzer (sog. User), da man sie sich schlecht merken konnte. Deshalb wurde das sog. Domain-Name-System (DNS) entwickelt, das jeder IP-Adresse einen eindeutigen und logischen Namen zuordnet. Eine Domain fungiert somit als genau identifizierbare Adresse im Internet (z. B. sind die Adressen www.grafik-design.de oder www.foto-schmidt.de die Domains der Internetauftritte der genannten Unternehmen). Zu unterscheiden ist die Domain von dem Begriff „Content". Vereinfacht formuliert ist die Domain die Adresse, unter der man eine Internetseite findet. Der Content (engl.: Inhalt) ist dann der Inhalt, der auf der Internetseite dargestellt ist. Die Domain untereilt sich in die folgenden Bestandteile:

Die Top-Level-Domain (TLD) kann die Kennung für einen der ca. 200 Staaten der Erde sein (z. B. „.de" für Deutschland, „.ch" für die Schweiz, „.it" für Italien, etc.). Weiterhin gibt es so genannte internationale Domains, wie z. B. „.com", „.org", „.net", „.info".

Eine Second-Level-Domain (SLD) kann in Kombination mit einer bestimmten Top-Level-Domain nur einmal vergeben werden (ähnlich der Vergabe einer bestimmten Telefonnummer in Kombination mit einer Vorwahlnummer). Es besteht aber die Möglichkeit, unter verschiedenen Top-Level-Domains auch identische Domain-Namen zu registrieren

C. Kaesler, *Recht für Medienberufe*,
DOI 10.1007/978-3-658-14200-1_5

(z. B. www.web-design.de ≠ www.web-design.com). Die freien Second-Level-Domains werden allerdings langsam knapp. So gibt es für die Top-Level-Domain „.de" (für Deutschland) keine freie dreistellige Second-Level-Domain mehr. Aus diesem Grund kommen ständig neue Top-Level-Domains wie „.info", „.eu" oder „.name" hinzu.

5.2 Rechtsprobleme nach der Vergabe der Domain

Weltweit erfolgt die Zuteilung der Domain-Namen ausschließlich nach dem Prioritätsprinzip. Wer zuerst um eine Registrierung ansucht, bekommt den noch nicht vergebenen Domainnamen zugesprochen („first come – first served"–Prinzip). Die Registrierungsstellen sind dabei nicht in der Lage zu überprüfen, ob durch die Registrierung Rechte von Dritten verletzt werden. In den Anmeldeformularen ist lediglich der Hinweis aufgenommen, dass Rechte Dritter zu respektieren sind.

Diese Vergabepraxis führt jedoch schnell zu Rechtsproblemen, die sich in die folgenden Bereiche einteilen lassen:

- Der Gebrauch des eigenen Namens als Domain-Name durch Dritte.
- Der Gebrauch der eigenen Marke als Domain-Name von Konkurrenzunternehmen.
- Der Gebrauch der eigenen Marke als Domain-Name von branchenfremden Unternehmen.
- Domain-Grabbing.
- Die Verwendung allgemeiner Gattungsbegriffe als Domain eines Unternehmens.

5.2.1 Der Gebrauch des eigenen Namens als Domain-Name durch Dritte

Rechtsprobleme entstehen insbesondere dann, wenn Namen als Domains verwendet werden, die Assoziationen mit den Namen von berühmten Persönlichkeiten oder Unternehmen hervorrufen. Verwenden Dritte solche Namen als Domains, kann dies als Verletzung des Namensrechts gesehen werden.

§ 12 BGB
Namensrecht

Wird das Recht zum Gebrauch eines Namens dem Berechtigten von einem anderen bestritten oder wird das Interesse des Berechtigten dadurch verletzt, dass ein anderer unbefugt den gleichen Namen gebraucht, so kann der Berechtigte von dem anderen Beseitigung der Beeinträchtigung verlangen. Sind weitere Beeinträchtigungen zu besorgen, so kann er auf Unterlassung klagen.

Beispiel

Das OLG Hamburg hatte einen Fall zur Domain www.verona.tv zu entscheiden. Die Klägerin war niemand geringeres als Verona Feldbuch (heute Pooth), die in der Domain ihre Namensrechte verletzt sah. Die Klage wurde damit begründet, dass Verona Feldbusch zu den bekanntesten TV-Persönlichlichkeiten Deutschlands gehöre. Ihr Vorname in Verbindung mit der TLD „tv" lasse den Internetnutzer vermuten, dass unter der Domain eine Seite zu finden sei, die von Verona Feldbusch betrieben werde. Erschwerend kam hinzu, dass die Domain www.verona.tv auf die Seite www.seitensprung.de weiterführte. Das OLG Hamburg gab der Klägerin Recht (Urteil vom 27.08.2002, Az.: 3 W 78/02).

Das Urteil zeigt, dass Namen in Domains, die mit bekannten Persönlichkeiten in Verbindung gebracht werden können (z. B. www.boris.de etc.), mit großer Vorsicht zu verwenden sind. Eine Verwendung solcher Domainnamen ist selbst dann problematisch, wenn der Verwender den gleichen Namen hat. Unter Umständen kann ihm der Vorwurf gemacht werden, den Namen auf Kosten der bekannteren Person oder des Unternehmens auszunutzen.

Beispiel

Ein Übersetzer mit dem Familiennamen „Shell" erstellte unter der Domain www.shell.de eine Internetseite, auf der er über sein Übersetzungsbüro informierte. Das Mineralölunternehmen Deutsche Shell klagte gegen die Verwendung der Domain auf Basis des § 12 BGB. Der Klage der Mineralölfirma wurde im Lauf durch die verschiedenen Instanzen stattgegeben. Der BGH gab in letzter Instanz den Vorinstanzen recht mit der Begründung, dass der Beklagte zwar grundsätzlich das Recht habe, unter seinem Namen ein Internetangebot zu betreiben. Bei Namensgleichheit werde der Prioritätsgrundsatz aber durchbrochen, wenn die Interessen der Parteien derart unterschiedlich zu gewichten sind. Der ungleich höhere Bekanntheitsgrad der Deutschen Shell lege es nahe, dass die Öffentlichkeit unter der Domain „www.shell.de" den Internetauftritt des Mineralölunternehmens finde.

(Urteil des BGH vom 22.11.2001, Az.: I ZR 138/99).

Auch die Namen von öffentlichen Einrichtungen (Behörden etc.), Städten und Gemeinden sind durch das Namensrecht geschützt.

Beispiel

Das Landgericht Mannheim hatte das erste deutsche Gerichtsurteil, das sich mit Domain-Namen beschäftigte, in einem Fall zu erteilen, bei dem ein Computerunternehmen unter der Domain www.heidelberg.de Informationen über die Region Rhein-Neckar kostenlos ins Internet stellte. Die Stadt Heidelberg klagte daraufhin, da sie ihr Namensrecht nach § 12 BGB verletzt sah (Urteil LG Mannheim vom 8.3.1996, Az.: 7 O 60/96).

Das Landgericht vertrat in dem Fall die Auffassung, dass das Namensrecht der Stadt Heidelberg verletzt worden sei. Das Urteil wurde damit begründet, dass die Gefahr bestehe, dass Internetnutzer den Domain-Namen „heidelberg.de" mit der Stadt Heidelberg in Verbindung brächten, da die meisten Städte unter ihrem Namen bereits im Internet auftreten. Hier liegt ein unbefugter Gebrauch des Namens vor, wodurch die Interessen der Stadt Heidelberg verletzt worden sind.

Bei der Namensähnlichkeit gilt, dass grundsätzlich wie bei der Namensgleichheit zu verfahren ist. In den USA streiten sich z. B. die US-Firmen Microsoft und Zero Micro Software, ob letztere den Domain-Namen „micros0ft.com" benutzen darf. Nach dem obigen Grundsatz ist dies ein eindeutiger Namensmissbrauch, da der Austausch des „o" im Domainnamen durch eine „0" eine absichtlich herbeigeführte Ähnlichkeit ist.

5.2.2 Der Gebrauch der eigenen Marke als Domain-Name von Konkurrenzunternehmen

Wird die eigene Marke von Konkurrenzunternehmen als Domain-Name benutzt, so kann dies auf der Basis des § 14 (2) MarkenG untersagt werden.

§ 14 (2) MarkenG
Ausschließliches Recht des Inhabers einer Marke, Unterlassungsanspruch, Schadensersatzanspruch

(…)

(2) Dritten ist es untersagt, ohne Zustimmung des Inhabers der Marke im geschäftlichen Verkehr

(…)

2. ein Zeichen zu benutzen, wenn wegen der Identität oder Ähnlichkeit des Zeichens mit der Marke und der Identität oder Ähnlichkeit der durch die Marke und das Zeichen erfassten Waren oder Dienstleistungen für das Publikum die Gefahr von Verwechslungen besteht, einschließlich der Gefahr, dass das Zeichen mit der Marke gedanklich in Verbindung gebracht wird.

(…)

Das Markenrecht soll somit verhindern, dass die eigene Marke in einer Domain von der Konkurrenz benutzt wird, um Kundenströme im Internet umzuleiten. Zudem soll damit verhindert werden, dass der Internetnutzer zu der Vermutung gelangt, dass zwischen den beiden Unternehmen eine Verbindung besteht.

Beispiel

Das Softwareunternehmen Salzman, Albrecht & Partner will seine Softwareprodukte im Internet auf der Seite www.sap-online.de anbieten. Aufgrund der Verwechslungsgefahr mit dem bekannten Softwareunternehmen SAP kann dieses seinen Anspruch aus § 14 MarkenG geltend machen und eine Verwendung dieser Domain unterbinden. (Fiktives Beispiel)

Problematisch ist auch, wenn ein Unternehmen eine Domain registriert hat, die die Marke des Konkurrenten beinhaltet, um zu verhindern, dass der Konkurrent diese für sich nutzen kann. Hierzu das LG Frankfurt (Az: 2/06 O 633/96): „Wer den Namen eines anderen als Internet-Domain für sich hat registrieren lassen und damit blockiert, bestreitet das Recht des Namensträgers zur Namensführung. Das gilt auch dann, wenn die Domain nur reserviert ist und deshalb noch nicht benutzt wird."

Dies stellt nach § 3 UWG (Gesetz gegen den unlauteren Wettbewerb) eine unerlaubte Wettbewerbshandlung dar, da das einzige Ziel der Domainregistrierung die Behinderung des Konkurrenzunternehmens in dessen Entfaltung ist.

§ 3 UWG
Verbot unlauteren Wettbewerbs

Unlautere Wettbewerbshandlungen, die geeignet sind, den Wettbewerb zum Nachteil der Mitbewerber, der Verbraucher oder der sonstigen Marktteilnehmer nicht nur unerheblich zu beeinträchtigen, sind unzulässig.

Kompliziert wird die Lage, wenn sich beide Unternehmen auf das Markenrecht berufen können und folglich eine gleichlautende Domain verwenden möchten. Zu so einem Fall könnte es beispielsweise kommen, wenn zwei Unternehmen in ihrem Wirkungskreis bisher örtlich begrenzt waren, nun aber im Internet in direkte Konkurrenz miteinander treten. Hier gilt dann wieder der Prioritätsgrundsatz („first-come first-served"). Wer also zuerst die Domain für sich sichern kann, hat in diesem Fall gewonnen. Das andere Unternehmen hat dann die Pflicht, die Domain so zu wählen, dass einer Verwechslungsgefahr vorgebeugt wird.

Beispiel

Das Nürnberger Kinderspielzeuggeschäft mit dem Namen Spiel & Fun in Nürnberg registriert am 03.12.05 die Domain www.spielundfun.de und vertreibt von nun an Spielsachen mittels eines E-Shops über das Internet. Ein Jahr später möchte eine norddeutsche Einzelhandelskette für Spielwaren, die ebenfalls unter Spiel & Fun firmiert, die Adresse www.spielundfun.de registrieren. Gegenüber dem Kinderspielzeuggeschäft macht sie geltend, dass sie ja das größere und bekanntere Unternehmen sei und deshalb die Domain für sich beanspruchen möchte. Dieser Anspruch scheitert jedoch am Prioritätsprinzip. Das Kinderspielzeuggeschäft darf die Domain behalten. Die Einzelhandelskette muss eine Domain wählen, die sich deutlich von der anderen unterscheidet. (Fiktives Beispiel)

5.2.3 Der Gebrauch der eigenen Marke als Domain-Name von branchenfremden Unternehmen

Zu Rechtsproblemen kann es auch kommen, wenn ein Unternehmen in seiner Domain zufällig die Marke eines branchenfremden Unternehmens verwendet. Besteht eine Verwechslungsgefahr für den Internetnutzer, so kann sich das Unternehmen, dessen Marke durch den anderen verwendet wird, auf § 15 MarkenG berufen.

§ 15 MarkenG
Ausschließliches Recht des Inhabers einer geschäftlichen Bezeichnung; Unterlassungsanspruch; Schadensersatzanspruch

(…)

(2) Dritten ist es untersagt, die geschäftliche Bezeichnung oder ein ähnliches Zeichen im geschäftlichen Verkehr unbefugt in einer Weise zu benutzen, die geeignet ist, Verwechslungen mit der geschützten Bezeichnung hervorzurufen.

Das Unternehmen kann also von dem Verwender der Domain Unterlassung und evtl. Schadensersatz beanspruchen. Oft ist jedoch zweifelhaft, ob eine Verwechslungsgefahr besteht, wie das folgende Beispiel zeigen soll.

Beispiel

Die Geschäftsführung der Internationalen Baumesse (IBM GmbH) möchte für die Zeit der Messe eine Informationsseite unter der Adresse www.ibm-online.de ins Internet stellen. IBM, der Computerkonzern, möchte daraufhin erwirken, dass die Internationale Baumesse diese Domain nicht verwendet, da es die eigene Marke „IBM" enthält.

Eine Verwechslungsgefahr nach § 15 (2) MarkenG scheidet hier aus, da die Unternehmen offensichtlich unterschiedlichen Branchen angehören.

§ 3 UWG (s. o.) kommt ebenfalls nicht in Betracht, da beide Unternehmen ein berechtigtes Interesse an der Domain haben. Da sich der Domain-Inhaber (in diesem Falle die internationale Baumesse) selbst auf ein eigenes Markenrecht berufen kann, wird wieder nach dem Prioritätsgrundsatz entschieden. Die Baumesse darf die Domain behalten. (Fiktives Beispiel)

Als zukunftsweisende Lösung für dieses Problem ist mittlerweile angedacht, branchenspezifische Top-Level-Domains herauszugeben, die einer Verwechslungsgefahr bei identischen Second-Level-Domains von branchenunterschiedlichen Unternehmen vorbeugen sollen. So könnte z. B. für Messen die Top-Level-Domain.fair (engl.: Messe) eingerichtet werden, wodurch Missverständnisse wie im obigen Fall umgangen werden könnten.

5.2.4 Domain-Grabbing

Der Begriff Domain-Grabbing bedeutet wörtlich übersetzt „Domain (weg)grabschen" d. h., dass jemand nicht für den eigenen Gebrauch Domains reserviert, sondern diese an interessierte Dritte verkaufen möchte. Der Handel mit Domains ist in Deutschland nicht verboten, es dürfen jedoch nicht die Rechte Dritter verletzt werden. Die Reservierung der folgenden Domains durch einen „Grabber" führt daher schnell zu Problemen:

- Marken.
- Unternehmensnamen.
- Namen von Prominenten.
- Titel von Zeitschriften, Filmen, Software, Fernsehsendungen und Büchern.
- Städtenamen und Kfz-Kennzeichen.
- Bezeichnungen von staatlichen Einrichtungen und Behörden.

Beispiel

Eine Person hatte sich die Domains www.dsf.de, www.eurosport.de und www.sportschau.de vor den entsprechenden Sendern reserviert, um sie später diesen verkaufen zu können. Hierzu das Landesgericht München „Wer eine Domain nur für sich reservieren lässt, um mit dem Namensinhaber anschließend über eine Zusammenarbeit im Internet-Bereich zu verhandeln, handelt sittenwidrig und damit wettbewerbswidrig im Sinne des § 1 UWG (Anm. d. Verf.: alte Fassung des UWG)." (Landgericht München I, Beschluss vom 9. Januar 1997, Az.: 4HK O 14792/96).

Die Rechtsprechung geht mittlerweile übereinstimmend davon aus, dass „Domain-Grabbing" sittenwidrig ist und damit einen Rechtsverstoß nach § 3 UWG (neue Fassung des UWG) darstellt.

5.2.5 Die Verwendung allgemeiner Gattungsbegriffe als Domain eines Unternehmens

Allgemein gilt, dass Gattungsbegriffe (z. B. www.fernunterricht.de, www.jurastudium.de etc.) nicht als Kennzeichen oder Marke gelten, wodurch die Gefahr ausgeschlossen ist, dass namens- oder markenrechtliche Probleme auftreten können. Problematisch wird die Verwendung von Gattungsbegriffen in Domains dann, wenn sie bei einer gewerblichen Verwendung eine kanalisierende Wirkung auf die Kundenströme im Internet haben und dadurch den freien Wettbewerb behindern. So kann z. B. die Internetseite „www.grafikdesigner-frankfurt.de" den Eindruck erwecken, dass unter dieser Adresse alle Grafikdesigner Frankfurts zu finden sind. Da so eine Adresse täuschend auf Internetnutzer wirkt, kann sie als Verstoß gegen § 3,4 UWG gewertet werden.

Der Bundesgerichtshof (BGH) hat diese Sichtweise allerdings in einem Grundsatzurteil vom 17.05.2001 (Az.: I ZR 219/99) etwas eingeschränkt. Den freien Wettbewerb sieht er dann gefährdet, wenn die Gattungsbezeichnung zusätzlich auch in anderen Schreibweisen oder mit der Verwendung anderer Top-Level-Domains (z. B. neben „.de" auch „.com", „.org", „.net" usw.) benutzt wird. Dann besteht die Gefahr, dass es zu einer verbotenen Alleinstellungswerbung kommen kann, die die Kundenströme im Netz kanalisiert. Solch eine Alleinstellungswerbung wird als so schwerwiegend aufgefasst, dass sie vom Wettbewerber nicht mehr hingenommen werden muss.

Beispiel

Einen besonderen Fall stellte der Rechtsstreit um die Domain www.mitwohnzentrale.de dar. Der Verband der Mitwohnzentralen e. V. klagte gegen den Ring Europäischer Mitwohnzentralen e. V.. In beiden Verbänden sind die Mitwohnzentralen aus verschiedenen deutschen Städten organisiert, deren Geschäftszweck die kurzzeitige Vermietung von Wohnraum umfasst. Der Verband der Mitwohnzentralen e. V. klagte gegen die Verwendung der Domain www.mitwohnzentrale.de durch den Ring Europäischer Mitwohnzentralen e. V., da sie eine beträchtliche kanalisierende Wirkung auf den Kundenstrom im Internet habe. Trotz des Grundsatzurteils des BGH entschied er in diesem Fall, dass hier die Verwendung dieser spezifischen Gattungsdomain zu einer unlauteren Absatzbehinderung des Klägers führe. Da aufgrund der Enge des Anbietermarktes und der Tatsache, dass der Begriff „Mitwohnzentrale" absolut geläufig sei, es tatsächlich zu einer unlauteren Wettbewerbsbehinderung komme. (Urteil des BGH vom 17.05.2001, Az.: I ZR 216/99)

Dieses Urteil zeigt, dass gerade die Verwendung von Gattungsdomains zu brisanten Rechtsproblemen führen kann, die oft nur als Einzelfall gelöst werden können.

5.3 Rechtsprobleme bei Meta-Tags

5.3.1 Was sind Meta-Tags?

Meta-Tags haben innerhalb der Programmiersprache HTML, mit der in der Regel gewöhnliche Internetseiten erstellt werden, die Funktion, Begriffe oder Kennwörter für den Internetnutzer bereit zu halten. Gibt der Nutzer einen dieser Begriffe in eine Suchmaschine ein, dann sucht die Maschine zunächst in den für den Internetnutzer unsichtbaren Meta-Tags der Internetseite nach identischen Begriffen.

5.3.2 Markenrechtliche Probleme bei Meta-Tags

Suchmaschinen erstellen i. d. R ihre Ergebnislisten danach, wie oft und an welcher Stelle das Kennwort auf der jeweiligen Internetseite erscheint. So kann z. B. ein Handy-Shop im Internet als Meta-Tags sämtliche Markennamen von Handys anführen, sodass ein Internetnutzer durch Eingabe des Markennamens in eine Suchmaschine auf diese Seite gelangt. Dies ist grundsätzlich erlaubt. Markenrechtlich problematisch wird es, wenn ein Unternehmen in den Meta-Tags die Namen von Konkurrenzunternehmen verwendet, um den Kunden dadurch weg vom Konkurrenzunternehmen auf die eigenen Seiten zu lenken.

Beispiel

Der Softwarehersteller AccountSoft bietet Buchhaltungsprogramme an. In den Meta-Tags seiner Internetseite hat er auch den Begriff „Lexware" verborgen, die Marke eines bekannten Softwareunternehmens für Buchhaltungsprogramme. Gibt ein Kunde nun über eine Suchmaschine den Begriff „Lexware" ein, weil er nach der Homepage dieses Unternehmens sucht, so kann es passieren, dass die Suchmaschine in der Ergebnisliste auch die Internetseite des Konkurrenten AccountSoft auflistet. Der Kunde könnte nun zum einen vermuten, dass diese Unternehmen zusammen gehören, oder aber sich einfach nur auf das Angebot von AccountSoft einstellen. Lexware kann aufgrund von § 14 MarkenG gegen AccountSoft vorgehen und das Unternehmen auf Unterlassung der Verwendung der Marke in seinen Meta-Tags verklagen. Weiterhin kann es Schadenersatz für den entgangenen Gewinn beanspruchen. (Fiktives Beispiel)

§ 14 MarkenG
Ausschließliches Recht des Inhabers einer Marke; Unterlassungsanspruch; Schadensersatzanspruch

(…)

(5) Wer ein Zeichen entgegen den Absätzen 2 bis 4 benutzt, kann von dem Inhaber der Marke auf Unterlassung in Anspruch genommen werden.

(6) Wer die Verletzungshandlung vorsätzlich oder fahrlässig begeht, ist dem Inhaber der Marke zum Ersatz des durch die Verletzungshandlung entstandenen Schadens verpflichtet.

5.4 Rechtsprobleme bei Word-Stuffing

Neben den Möglichkeiten der Meta-Tags besteht, im sog. „Word-Stuffing" eine Variante, um möglichst positiv von Suchmaschinen gelistet zu werden. Hier werden Begriffe, die die Aufmerksamkeit von Suchmaschinen auf sich ziehen sollen, nicht im HTML-Code, sondern direkt in der Seite untergebracht. Dies geschieht oftmals in einer Farbe, dass sie für den Leser nicht sichtbar sind (z. B. hat die Textfarbe die gleiche Farbe wie der Hintergrund). Die Suchmaschinen finden aufgrund dieser Begriffe die Seite und zeigen sie in der Ergebnisliste an. Rechtliche Probleme entstehen, wenn Begriffe verwendet werden, die

a) mit dem restlichen Seiteninhalt nichts zu tun haben (Irreführung).
b) Markennamen oder Namen von Konkurrenten verwendet werden (Verstoß gegen Markenrecht sowie Wettbewerbsrecht).

Um eine Seite rechtssicher zu gestalten, sollte auf Word-Stuffing ohnehin verzichtet werden.

5.5 Urheberrechte im Internet

In den Anfangszeiten des Internets schien darin das Urheberrecht keine Rolle zu spielen – Bilder, Texte, musikalische oder graphische Dateien wurden frei kopiert und vervielfältigt. Doch auch im Internet hat das Urheberrecht die gleiche Gültigkeit, wie in allen anderen Medien. Zudem können in kaum einem anderen Medium Urheberrechtsverletzungen so schnell aufgespürt werden wie im Internet. Deshalb sollten sich Internetnutzer und insbesondere Ersteller von Internetseiten im Klaren darüber sein, ob und wie sie die im Netz vorfindbaren Bilder, Texte, Programme etc. verwenden dürfen.

5.5.1 Welche Dateien sind urheberrechtlich geschützt?

Das Urheberrecht wurde 2003 neu geregelt und den Anforderungen der neuen Medien angepasst. Grundsätzlich gilt nach deutschem Recht: Alles, was ein anderer mit schöpferischem Aufwand erstellt hat, unterliegt dem Schutz des Urheberrechts. Welche Elemente des Internets im Internet geschützt sind, ist auch im neuen Urheberrecht in der Weise nicht ausformuliert. Deshalb müssen auch für geschützte Werke im Internet die §§ 2 und 4 UrhG herangezogen werden:

Geschützte Werke § 2 UrhG	Werke im Internet
(1) Zu den geschützten Werken der Literatur, Wissenschaft und Kunst gehören insbesondere:	
1. Sprachwerke, wie Schriftwerke, Reden und Computerprogramme;	Texte auf Internetseiten, Programme die zum Download bereit stehen etc.
2. Werke der Musik;	Digitale Musikstücke (mp3-files etc.)
3. Werke der bildenden Künste einschließlich der Werke der Baukunst und der angewandten Kunst und Entwürfe solcher Werke;	Bild- und Grafikdateien, digitale Karten, etc.
4. Lichtbildwerke, einschließlich der Werke, die ähnlich wie Lichtbildwerke geschaffen werden;	Fotos im Netz
5. Filmwerke einschließlich der Werke, die ähnlich wie Filmwerke geschaffen werden;	Filme im Netz

Geschützte Werke § 2 UrhG	Werke im Internet
6. Darstellungen wissenschaftlicher oder technischer Art, wie Zeichnungen, Pläne, Karten, Skizzen, Tabellen und plastische Darstellungen.	Bilddateien von Zeichnungen, Pläne, Karten, Skizzen, Tabellen etc.
§ 4 *Sammelwerke und Datenbankwerke*	
(1) Sammlungen von Werken, Daten oder anderen unabhängigen Elementen, die aufgrund der Auswahl oder Anordnung der Elemente eine persönliche geistige Schöpfung sind (Sammelwerke), werden, unbeschadet eines an den einzelnen Elementen gegebenenfalls bestehenden Urheberrechts oder verwandten Schutzrechts, wie selbständige Werke geschützt.	Internetenzyklopädien etc. (Die Einstufung einer Internetseite als Sammlung verschiedener Werke und Daten ist nicht ausreichend. Kriterium für den Urheberrechtschutz, dass die Sammlung erst durch erhebliche Investitionen möglich wurde!)
(2) Datenbankwerk im Sinne dieses Gesetzes ist ein Sammelwerk, dessen Elemente systematisch oder methodisch angeordnet und einzeln mit Hilfe elektronischer Mittel oder auf andere Weise zugänglich sind. (…)	Online-Datenbanken, Online-Wörterbücher etc.

Ob Internetseiten als Gesamterscheinung urheberrechtlichen Schutz genießen können, ist pauschal eher zu verneinen. Dies kann der Fall sein, wenn das Gesamtbild ein Übermaß an Originalität und kreativer Gestaltungshöhe aufweist. Ein Schutz für eine gesamte Seite, die mit den üblichen Frames und Buttons gestaltet ist, würde die Entfaltungsmöglichkeiten anderer Seitenersteller zu sehr einschränken. Aus diesem Grund ist auch der HTML-Quellcode einer Seite nicht schützbar. Das Layout einer Seite kann jedoch auf jeden Fall als Geschmacksmuster geschützt werden (siehe Kap. 7.8). Hier ist jedoch zu beachten, dass bei jeder größeren Änderung ein neuer Schutz erforderlich wird.

5.5.2 Wie dürfen Werke des Internets genutzt werden?

Auch hier gelten wieder die allgemeinen Bestimmungen des Urheberrechts. Private Internetnutzer dürfen einzelne Vervielfältigungsstücke zum privaten Gebrauch herstellen.

§ 53 UrhG

Vervielfältigungen zum privaten und sonstigen eigenen Gebrauch

Zulässig sind einzelne Vervielfältigungen eines Werkes durch eine natürliche Person zum privaten Gebrauch auf beliebigen Trägern, sofern sie weder unmittelbar noch mittelbar Erwerbszwecken dienen,

(…)

Als Vervielfältigung gilt bei der Nutzung des Internets bereits der Download von Bildern oder Texten auf die eigene Festplatte. Auch das Ausdrucken einer Internetseite stellt bereits eine Vervielfältigung dar. Folgende Vervielfältigungen sind zulässig:

- Zum eigenen wissenschaftlichen Gebrauch (Recherche im Internet und Abspeichern informativer Seiten auf der Festplatte).
- Aufnahme des Werkes in ein eigenes Archiv (z. B. Archivierung von Fotos oder Texten aus dem Internet auf der Festplatte).
- Zum sonstigen eigenen Gebrauch, wenn es sich um kleine Teile eines erschienen Werkes oder um einzelne Beiträge handelt (Sammlung interessanter Texte, Beiträge, Berichte etc. aus dem Internet auf der Festplatte).

§ 53 UrhG
Vervielfältigungen zum privaten und sonstigen eigenen Gebrauch

(…)

(6) Die Vervielfältigungsstücke dürfen weder verbreitet noch zu öffentlichen Wiedergaben benutzt werden. Zulässig ist jedoch, rechtmäßig hergestellte Vervielfältigungsstücke von Zeitungen und vergriffenen Werken sowie solche Werkstücke zu verleihen, bei denen kleine beschädigte oder abhanden gekommene Teile durch Vervielfältigungsstücke ersetzt worden sind.

(…)

Die Downloads dürfen also entsprechend § 53 (6) UrhG nicht zur öffentlichen Wiedergabe benutzt oder verbreitet werden. Es ist daher zulässig, ein Foto aus dem Internet herunter zu laden. Unzulässig ist jedoch, das Foto auf der eigenen Internetseite einzubauen, da diese ja der Öffentlichkeit zugänglich ist und es sich somit um eine öffentliche Wiedergabe handelt.

Aus rechtswidrigen Quellen ist jedoch selbst der Download verboten. Dies gilt insbesondere auch für die sog. Peer-to-Peer Systeme. In diesen Systemen können Nutzer direkt Dateien (z. B. mp3-files) austauschen. Hier stellt bereits der Upload einer urheberrechtlich geschützten Datei auf die Tauschplattform eine rechtswidrige Vervielfältigung dar. Da es sich dann um eine rechtswidrige Quelle handelt, ist der Download der Datei ebenfalls rechtswidrig.

Es war lange umstritten, ob das Setzen eines Links auf der eigenen Homepage hin zu einer anderen Seite einer Vervielfältigung gleich kommt. Der BGH hat hierzu grundsätzlich festgestellt, dass das Setzen von Hyperlinks auf fremde, im Internet der Allgemeinheit zugängliche Dateien keine Vervielfältigung im Sinne des Urheberrechts darstellt, da dies zum Wesen des Internets einfach dazugehört. Dies gilt auch für die sog. Deep-Links, also Links, die unmittelbar auf fremde Unterseiten verweisen (vgl. BGH Urteil vom 17.07.2003, Az.: I ZR 259/00). Allerdings gilt dies nur, wenn diese Inhalte ohnehin für die Öffentlichkeit bestimmt sind und dabei keine Schutzvorkehrungen umgangen werden.

Software, die im Internet zum Download bereitgestellt wird, ist selbstverständlich geschützt, soweit sie ein Minimum an Originalität besitzt. Für Privatpersonen ist lediglich eine Sicherheitskopie erlaubt, die aber nicht weitergegeben werden darf. Die Weitergabe der Sicherheitskopie würde sonst wieder eine rechtswidrige Vervielfältigung darstellen.

Von diesem Grundsatz gibt es natürlich auch Ausnahmen. Bestimmte Software kann frei weitergegeben und kopiert werden (z. B. Freeware oder Shareware). Dies bedeutet allerdings nicht, dass daraus Teile kopiert werden dürfen. Wichtig ist, dass man die vom Autor der Programme eingeräumten Nutzungsrechte beachtet (diese können meist in der beigefügten Textdatei [readme.txt] nachgelesen werden).

Uneingeschränkt erlaubt ist die Benutzung und Vervielfältigung solcher Dateien, die von Seiten des Urhebers zur allgemeinen Benutzung freigegeben wurden oder sogar zur freien Benutzung konzipiert sind, wie etwa die Clip-Arts von Grafikprogrammen (z. B. Corel Draw oder Office-Programme). Bei Foto- und Grafik-CD-ROMs sind die Nutzungsbedingungen zu beachten, da viele derartige Produkte nur eine private Nutzung erlauben, die oft nicht einmal eine Verwendung auf privaten Internetseiten umfasst.

5.6 Haftungsfragen bei Internetseiten

5.6.1 Inhaltsverantwortung von Diensteanbietern (Providern)

Für die Haftung der Diensteanbieter (den sog. Providern) muss zunächst danach unterschieden werden, welche Arten von Diensten angeboten werden und wie dabei eine Haftung zum Tragen kommt.

Folgende Arten von Providern können unterschieden werden:

Netz-Provider	Sie stellen Netze zum Datentransfer zur Verfügung (z. B. Deutsche Telekom AG) oder sie betreiben Router-Rechner und zentrale Strecken im Datennetz (sog. Backbones).
Access-Provider	Sie bieten Netzzugänge und übernehmen vertraglich zusätzliche Pflichten, wie z. B. inhaltliche Auswahl von Content, Systemabsicherung etc. (z. B. T-Online AG, AOL etc.).
Host-Provider	Sie stellen Serverspeicher für Internetseiten zur Verfügung.
Content-Provider	Sie bieten Inhalte auf einer Internetseite, die evtl. redaktionell aufgearbeitet sind (Betreiber von „normalen" Internetseiten).

Netz- und Access-Provider unterliegen der sog. privilegierten Haftung. Sie haften uneingeschränkt für eigene Inhalte und eingeschränkt für fremde Inhalte, sofern sie von diesen Kenntnis haben. Bei einer bloßen Zugangsvermittlung haften Diensteanbieter nicht für rechtswidrige Inhalte.

§ 7 Allgemeine Grundsätze (TMG)

(1) Diensteanbieter sind für eigene Informationen, die sie zur Nutzung bereithalten, nach den allgemeinen Gesetzen verantwortlich.

(2) Diensteanbieter im Sinne der §§ 8 bis 10 sind nicht verpflichtet, die von ihnen übermittelten oder gespeicherten Informationen zu überwachen oder nach Umständen zu forschen, die auf eine rechtswidrige Tätigkeit hinweisen. Verpflichtungen zur Entfernung oder Sperrung der Nutzung von Informationen nach den allgemeinen Gesetzen bleiben auch im Falle der Nichtverantwortlichkeit des Diensteanbieters nach den §§ 8 bis 10 unberührt. Das Fernmeldegeheimnis nach § 88 des Telekommunikationsgesetzes ist zu wahren.

Den Netz- und Access-Providern kann keine Haftung für alle Inhalte, die über deren Zugangsvermittlung ins Netz gelangen, aufgebürdet werden. Deshalb erhalten sie die sog. privilegierte Haftung. Ein Host-Provider ist gemäß § 10 TMG ebenfalls grundsätzlich nicht für fremde Inhalte bzw. Rechtsverletzungen verantwortlich. Er ist nur dann haftbar, wenn nachweisbar ist, dass er von der Rechtswidrigkeit der Inhalte wusste. Besteht bei dem Host-Provider der Verdacht, dass die gehostete fremde Seite einen rechtswidrigen Inhalt hat, muss entweder sofort der Zugang zu der Seite gesperrt werden oder die jeweiligen Informationen müssen unverzüglich entfernt werde. Trotz der Verpflichtung zur Sperrung und Entfernung rechtswidriger Seiten, trifft sie gemäß § 7 II TMG keine Überwachungspflicht bezüglich fremder Inhalte. Die Entfernungs- und Sperrungspflicht setzt erst dann ein, wenn der Anbieter Kenntnis von den rechtswidrigen Inhalten erhält.

Beispiel

Unter AOL wird eine private Homepage betrieben, auf der der Betreiber kinderpornografische Bilder zeigt. AOL ist verpflichtet, die Seite zu sperren, sobald sie von deren Inhalt Kenntnis erlangt. (Fiktives Beispiel)

Content-Provider, also Betreiber von Internetseiten zu Informationszwecken, haften uneingeschränkt für eigene und fremde Inhalte. D. h., sie haften auch für Inhalte, die mit der eigenen Seite verlinkt sind. Dieser Unterschied zu den Netz- und Access-Providern ist leicht zu erklären. Im Gegensatz dazu stellt der Content-Provider bewusst bestimmte Inhalte ins Netz, denen er evtl. Links zu fremden Inhalten anfügt. Für diese bewussten Handlungen soll er dann auch haften (§ 7 TMG). Dienste-Anbieter von Online-Handelsplattformen sind Behörden gegenüber auskunftspflichtig, sofern es auf ihren Plattformen zu rechtwidrigen Handlungen, z. B. Urheberrechtsverletzungen, Markenrechtsverletzungen etc. kommt (z. B. Haftung von eBay als Mitstörer von Urheberrechtsverletzungen: Urteil des OLG München vom 21.09.2006– 29 U 2119/06).

Disclaimer-Problematik Die Haftung erfolgt grundsätzlich nach den allgemeinen Gesetzesvorschriften (z. B. Bürgerliches Recht, Strafrecht etc.). Auf sehr vielen Internetseiten werden deshalb pauschale Haftungsfreizeichnungsklauseln (sog. Disclaimer) verwendet, um sich einer Haftung für fremde Inhalte zu entziehen. Im Internet gibt es dafür zahlreiche vorformulierte „Muster-Disclaimer", die das Haftungsrisiko beschränken sollen. Eine typische Formulierung ist beispielsweise:

> Mit Urteil vom 12. Mai 1998 hat das Landgericht Hamburg entschieden, dass man durch die Anbringung eines Links die Inhalte der gelinkten Seite ggf. mit zu verantworten hat. Dies kann – so das Landgericht Hamburg – nur dadurch verhindert werden, dass man sich ausdrücklich von diesen Inhalten distanziert.
>
> Wir distanzieren uns hiermit ausdrücklich von sämtlichen Inhalten aller gelinkten Seiten auf dieser Homepage und machen uns ihre Inhalte nicht zueigen. Diese Erklärung gilt für alle auf unserer Homepage ausgebrachten Links!

In den Muster-Disclaimern wird meist auf das Urteil des LG Hamburg (12. Mai 1998, Az.: 312 O 85/98)verwiesen. In diesem Urteil wurde allerdings klar betont, das sog. Haftungsfreizeichnungsklauseln nicht ausreichen, um jegliche Haftung für verlinkte Inhalte von sich weisen zu können. Gerade das Anbringen eines solchen Disclaimers kann als Indiz gewertet werden, dass einige verlinkte Inhalte strafrechtlich relevant sein können. Bei einer professionell gestalteten Internetseite sollte ohnehin immer der Inhalt der verlinkten Seiten auf seine Legalität überprüft werden.

5.6.2 Inhalte einer Internetseite – Haftungstatbestände

Neben urheberrechtsverletzenden Tatbeständen können die Inhalte einer Internetseite schwerwiegende rechtsverletzende Tatbestände darstellen. So gilt grundsätzlich, dass wer vorsätzlich oder fahrlässig ein Recht eines anderen widerrechtlich verletzt, ist dem anderen zum Schadensersatz verpflichtet (vgl. § 823 BGB). Solche Rechtsverletzungen sind auch mit einer Internetseite möglich.

5.6.2.1 Bilder von Personen auf der Internetseite

Während beim Verwenden von Bildern auf einer Internetseite ohnehin immer die urheberrechtlichen Bestimmungen zu beachten sind, gelten bei Personenfotos zusätzlich noch gesonderte Vorschriften. Das Einstellen von Personenfotos ohne Einwilligung der fotografierten Personen auf einer Internetseite ist eine Verletzung des Rechtes am eigenen Bild. Bei der Verwendung von Bildern auf Internetseiten sind damit die gleichen Vorschriften zu beachten, wie sie für das Presserecht gelten (siehe Kap. 7). Wird eine Person rechtswidrig auf einer Internetseite abgebildet, so hat sie einen Unterlassungs- und Beseitigungsanspruch:

§ 1004 BGB
Beseitigungs- und Unterlassungsanspruch

(1) Wird das Eigentum in anderer Weise als durch Entziehung oder Vorenthaltung des Besitzes beeinträchtigt, so kann der Eigentümer von dem Störer die Beseitigung

der Beeinträchtigung verlangen. Sind weitere Beeinträchtigungen zu besorgen, so kann der Eigentümer auf Unterlassung klagen.
(...)

Als Anspruchsgrundlage für Schadensersatz bei einer rechtswidrigen Verwendung eines Bildes dient der § 823 BGB:

§ 823 BGB
Schadensersatzpflicht
(1) Wer vorsätzlich oder fahrlässig das Leben, den Körper, die Gesundheit, die Freiheit, das Eigentum oder ein sonstiges Recht eines anderen widerrechtlich verletzt, ist dem anderen zum Ersatze des daraus entstehenden Schadens verpflichtet.
(2) Die gleiche Verpflichtung trifft denjenigen, welcher gegen ein den Schutz eines anderen bezweckendes Gesetz verstößt. Ist nach dem Inhalt des Gesetzes ein Verstoß gegen dieses auch ohne Verschulden möglich, so tritt die Ersatzpflicht nur im Falle des Verschuldens ein.

5.6.2.2 Beleidigung, üble Nachrede, Verleumdung

Internetseiten werden oft dazu genutzt, die eigene Meinung über bestimmte Personen (z. B. Politiker, Künstler etc.) oder Unternehmen und deren Produkte kund zu tun. Dies ist grundsätzlich nicht zu beanstanden, denn nach dem Grundgesetz gilt ja schließlich die Meinungsfreiheit:

Artikel 5 GG
(1) Jeder hat das Recht, seine Meinung in Wort, Schrift und Bild frei zu äußern und zu verbreiten und sich aus allgemein zugänglichen Quellen ungehindert zu unterrichten. Die Pressefreiheit und die Freiheit der Berichterstattung durch Rundfunk und Film werden gewährleistet. Eine Zensur findet nicht statt.
(...)

Die freie Meinungsäußerung hört aber dort auf, wo die persönliche Ehre der Anderen oder der Schutz der Jugend anfängt:

Artikel 5 GG
(...)
(2) Diese Rechte finden ihre Schranken in den Vorschriften der allgemeinen Gesetze, den gesetzlichen Bestimmungen zum Schutze der Jugend und in dem Recht der persönlichen Ehre.

Meinungsäußerungen können mit dem Gesetz in Konflikt kommen, wenn dadurch die persönliche Ehre eines Anderen herabgewürdigt wird oder Unwahrheiten über einen Anderen verbreitet werden.

Unter Beleidigung wird die vorsätzliche Missachtung oder Nichtachtung der Ehre eines Anderen verstanden. Das Gesetz sieht dabei vor:

§ 185 StGB
Beleidigung

Die Beleidigung wird mit Freiheitsstrafe bis zu einem Jahr oder mit Geldstrafe und, wenn die Beleidigung mittels einer Tätlichkeit begangen wird, mit Freiheitsstrafe bis zu zwei Jahren oder mit Geldstrafe bestraft.

Beispiel

In einem Internet-Chat bezeichnet ein Teilnehmer eine Chat-Partnerin als „Schlampe", was den Tatbestand der Beleidigung erfüllt.

Während bei Chat-Rooms der Beleidigende aufgrund der üblicherweise verwendeten sog. „Nick-Names" (Pseudonymen) eventuell noch anonym bleiben kann, ist bei einer Beleidigung auf einer Internetseite der Urheber aufgrund der Domainregistrierung und der Impressumspflicht schnell auszumachen.

Nicht nur natürliche Personen können beleidigt werden, auch juristische Personen (Vereine, Unternehmen etc.) oder ganze Personengruppen (z. B. Polizisten, Soldaten, Lehrer, Ausländer etc.).

Der Tatbestand der üblen Nachrede ist gegeben, wenn eine unbewiesene Tatsache, die den anderen in der öffentlichen Meinung herabwürdigt, verbreitet wird.

§ 186 StGB
Üble Nachrede

Wer in Beziehung auf einen anderen eine Tatsache behauptet oder verbreitet, welche denselben verächtlich zu machen oder in der öffentlichen Meinung herabzuwürdigen geeignet ist, wird, wenn nicht diese Tatsache erweislich wahr ist, mit Freiheitsstrafe bis zu einem Jahr oder mit Geldstrafe und, wenn die Tat öffentlich oder durch Verbreiten von Schriften (§ 11 Abs. 3) begangen ist, mit Freiheitsstrafe bis zu zwei Jahren oder mit Geldstrafe bestraft.

Ist die Tatsachenbehauptung nachweislich unwahr, so handelt es sich um Verleumdung.

§ 187 StGB
Verleumdung

Wer wider besseres Wissen in Beziehung auf einen anderen eine unwahre Tatsache behauptet oder verbreitet, welche denselben verächtlich zu machen oder in der öffentlichen Meinung herabzuwürdigen oder dessen Kredit zu gefährden geeignet ist, wird mit Freiheitsstrafe bis zu zwei Jahren oder mit Geldstrafe und, wenn die Tat öffentlich, in einer Versammlung oder durch Verbreiten von Schriften (§ 11 Abs. 3) begangen ist, mit Freiheitsstrafe bis zu fünf Jahren oder mit Geldstrafe bestraft.

Wer also auf seiner Internetseite negative Äußerungen über Dritte verbreitet, muss aufpassen, dass nicht einer der drei Tatbestände erfüllt ist. Dies gilt nicht nur für Internetseiten, sondern natürlich auch für Kommentare in Foren oder in sog. Blogs (Internettagebüchern) oder anderen, der Öffentlichkeit zugänglichen Plattformen (z. B. Chat-Rooms) im Internet.

Zudem hat jeder Betreiber nach dem bürgerlichen Recht bei einer unerlaubten Handlung eine Schadensersatzpflicht gegenüber dem Betroffenen.

Beispiel

Unternehmer X hat per E-Mail an Geschäftsfreunde über den Unternehmer Y vorsätzlich die unwahre Tatsache behauptet, dass Y nahezu bankrott sei und seine Rechnungen nicht mehr bezahlen könne. Aufgrund dieser Behauptung wird Y von vielen Lieferanten nicht mehr beliefert. Deshalb kann er selbst seine Aufträge nicht mehr fertigstellen und muss hohe Gewinneinbußen hinnehmen. X kann dann nicht nur wg. Verleumdung strafrechtlich nach § 187 StGB belangt werden, sondern hat auch gegenüber Y direkt für den entstandenen Schaden aufkommen (zivilrechtlich einklagbar, § 823 BGB).

5.6.2.3 Volksverhetzung, Gewaltdarstellung, Pornografie

Seiten mit volksverhetzenden, gewaltdarstellenden und pornografischen Inhalten finden sich im Internet haufenweise. Internetseiten, die als Volksverhetzung eingestuft werden können, sind strafrechtlich verboten. So können Seitenbetreiber, die gegen ganze Teile der Bevölkerung hetzen (z. B. Seiten gegen religiöse Minderheiten, Seiten mit rechtsradikalem Gedankengut, z. B. Leugnung des Holocaust etc.), strafrechtlich belangt werden. Das Gleiche gilt für extreme Gewaltdarstellungen auf Internetseiten, die diese Gewalttaten verherrlichen. Bei der Pornografie ist insbesondere Kinderpornografie verboten. Hier ist bereits der Besitz (und nicht erst die Verbreitung) strafbar.

5.7 Impressumspflicht

Die Impressumspflicht gilt für alle an die Öffentlichkeit gerichteten Publikationen, unabhängig davon, ob eine Gewinnerzielungsabsicht verfolgt wird oder nicht. Sie ist somit keine Neuerscheinung des Internets. Da Internetseiten von ihrer Natur her für die Öffentlichkeit bestimmt sind, gilt auch für sie die Impressumspflicht. Das Impressum hat den Zweck, dass der Leser schnell den Verantwortlichen der Publikation ausfindig machen kann. Die Gründe hierfür sind zum einen, dass Publikationen entsprechend eingeschätzt werden können (z. B. hinsichtlich der Objektivität) und zum anderen, dass evtl. Rechtsansprüche geltend gemacht werden können.

Was das Impressum einer Internetseite enthalten muss, ist in § 5 TMG aufgeführt (hier vereinfacht):

§ 5 Allgemeine Informationspflichten (TMG)

(1) Diensteanbieter haben für geschäftsmäßige, in der Regel gegen Entgelt angebotene Telemedien folgende Informationen leicht erkennbar, unmittelbar erreichbar und ständig verfügbar zu halten:

1. Den Namen und die Anschrift, unter der sie niedergelassen sind, bei juristischen Personen zusätzlich die Rechtsform, den Vertretungsberechtigten und, sofern Angaben über das Kapital der Gesellschaft gemacht werden, das Stamm- oder Grundkapital sowie, wenn nicht alle in Geld zu leistenden Einlagen eingezahlt sind, der Gesamtbetrag der ausstehenden Einlagen,
2. Angaben, die eine schnelle elektronische Kontaktaufnahme und unmittelbare Kommunikation mit ihnen ermöglichen, einschließlich der Adresse der elektronischen Post,
3. soweit der Dienst im Rahmen einer Tätigkeit angeboten oder erbracht wird, die der behördlichen Zulassung bedarf, Angaben zur zuständigen Aufsichtsbehörde,
4. das Handelsregister, Vereinsregister, Partnerschaftsregister oder Genossenschaftsregister, in das sie eingetragen sind, und die entsprechende Registernummer,
5. soweit der Dienst in Ausübung eines Berufs im Sinne von Artikel 1 Buchstabe d der Richtlinie 89/48/EWG des Rates vom 21. Dezember 1988 über eine allgemeine Regelung zur Anerkennung der Hochschuldiplome, die eine mindestens dreijährige Berufsausbildung abschließen (ABl. EG Nr. L 19 S. 16), oder im Sinne von Artikel 1 Buchstabe f der Richtlinie 92/51/EWG des Rates vom 18. Juni 1992 über eine zweite allgemeine Regelung zur Anerkennung beruflicher Befähigungsnachweise in Ergänzung zur Richtlinie 89/48/EWG (ABl. EG Nr. L 209 S. 25, 1995 Nr. L 17 S. 20), zuletzt geändert durch die Richtlinie 97/38/EG der Kommission vom 20. Juni 1997 (ABl. EG Nr. L 184 S. 31), angeboten oder erbracht wird, Angaben über

a) die Kammer, welcher die Diensteanbieter angehören,
b) die gesetzliche Berufsbezeichnung und den Staat, in dem die Berufsbezeichnung verliehen worden ist,
c) die Bezeichnung der berufsrechtlichen Regelungen und dazu, wie diese zugänglich sind,

6. in Fällen, in denen sie eine Umsatzsteueridentifikationsnummer nach § 27a des Umsatzsteuergesetzes oder eine Wirtschafts-Identifikationsnummer nach § 139c der Abgabenordnung besitzen, die Angabe dieser Nummer,
7. bei Aktiengesellschaften, Kommanditgesellschaften auf Aktien und Gesellschaften mit beschränkter Haftung, die sich in Abwicklung oder Liquidation befinden, die Angabe hierüber.

(2) Weitergehende Informationspflichten nach anderen Rechtsvorschriften bleiben unberührt.

Zu Missverständnissen führt der Ausdruck **„geschäftsmäßige Teledienste"** in § 5 TMG. Oft wird hier angenommen, dass nur gewerbliche Anbieter, also Anbieter, die mit ihrer Internetseite Gewinnerzielungsabsichten verfolgen, der Impressumspflicht unterliegen. Der Begriff „geschäftsmäßig" ist jedoch vom Begriff „gewerbsmäßig" zu unterscheiden. Geschäftsmäßig wird eine Internetseite dann betrieben, wenn mit ihr ein klares Ziel zur Information der Öffentlichkeit verfolgt wird. Gewerbsmäßig wird eine Seite dann betrieben, wenn mit ihr Geld verdient werden soll. Als nicht impressumspflichtig gelten deshalb nur sehr wenige Seiten im Internet, z. B. Testseiten, mit denen jemand seine Programmierkenntnisse an einer Internetseite erprobt oder eine Seite, auf der ein privates Fotoalbum für Verwandte eingestellt ist.

Das **Impressum** muss auf der Seite ohne langes Suchen, **leicht erkennbar**, **unmittelbar erreichbar und ständig verfügbar** sein. Auch von Unterseiten der Internetseite soll ein Link ausgehen, über den das Impressum abrufbar ist.

Besteht ein großer Teil einer Internetseite aus redaktionell bearbeiteten Informationen, die in periodischen Abständen überarbeitet werden und sich an eine Vielzahl von Kunden richten (z. B. Online-Zeitungen, News-Portale etc.), so fällt sie unter das Presserecht. Dann müssen zusätzlich zu den Angaben entsprechend § 5 TMG auch noch folgende Angaben gem. § 10 Mediendienstestaatsvertrag (MDStV) gemacht werden.

§ 10 MDStV
Informationspflichten

(…)

(3) Diensteanbieter von journalistisch-redaktionell gestalteten Angeboten, in denen vollständig oder teilweise Inhalte periodischer Druckerzeugnisse in Text oder Bild wiedergegeben oder in periodischer Folge Texte verbreitet werden, müssen (…) einen Verantwortlichen mit Angabe des Namens und der Anschrift benennen.

> Werden mehrere Verantwortliche benannt, so ist kenntlich zu machen, für welchen Teil des Mediendienstes der jeweils Benannte verantwortlich ist. Als Verantwortlicher kann nur benannt werden, wer
> 1. seinen ständigen Aufenthalt im Inland hat,
> 2. nicht infolge Richterspruchs die Fähigkeit zur Bekleidung öffentlicher Ämter verloren hat,
> 3. voll geschäftsfähig ist und
> 4. unbeschränkt strafrechtlich verfolgt werden kann.

Wie der § 10 MDStV besagt, kann also jemand mit Wohnsitz im Ausland nicht als Verantwortlicher einer Internetzeitung, die in Deutschland angeboten wird, eingetragen werden.

Das Impressum kann auf der Seite auch unter der Bezeichnung „Kontakt" bereitgehalten werden. Andere Bezeichnungen statt Impressum sind riskant und können damit die Impressumspflicht verletzen (Urteil des LG Essen vom 04.06.2003, Az.: 44 O 18/03).

5.8 Impressumspflicht bei Sozialen Netzwerken

Für Unternehmen, Gewerbetreibende oder auch Vereine oder Parteien wird es immer wichtiger nicht nur eine eigene, professionell erstellt Homepage zu haben, sondern auch mit einem professionellen Auftritt bei den Sozialen Netzwerken (z. B. Facebook) vertreten zu sein. Wird ein soziales Netzwerk auch geschäftlich genutzt, so muss ebenfalls ein Impressum nach dem Telemediengesetz vorliegen. Auch hier gilt, dass das Impressum leicht erkennbar, auffindbar und – ganz wichtig – unmittelbar erreichbar sein muss. Ist dies nicht der Fall, so liegt ein Verstoß gegen § 5 TMG vor (Abmahngefahr!)

Bei Facebook ist die Abmahngefahr besonders hoch, da es bisher für Unternehmen oft üblich war, unter dem Facebook-Menüpunkt „Info" das Impressum anzugeben. Das wird nach einem Urteil des Landgerichts Aschaffenburg vom 19. August 2011 (Az 2 HK O 54/11) als nicht ausreichend angesehen.

Die derzeit technisch am einfachsten umzusetzende Lösung wäre in diesem Fall auf Facebook eine Unterseite mit dem eindeutigen Titel „Impressum" anzulegen.

5.9 Werbung im Internet

Obwohl der große Internet-Hype vorbei ist, boomt der E-Commerce mit jährlich zweistelligen Wachstumsraten weiterhin. Allein in Deutschland wurden im Jahr 2015 für rund 43 Mrd. € Waren und Dienstleistungen im Internet umgesetzt. Aus diesem Grund ist das Internet zu einem der wichtigsten Werbemedien unserer Zeit avanciert. Für Werbung im Internet gelten im Prinzip dieselben rechtlichen Rahmenbedingungen, wie für

Werbung über klassische Medien. Jedoch hat das technologisch neue Medium Bereiche geschaffen, die für die Praxis Klärungsbedarf haben. Das Recht bezüglich der Werbung im Internet ist nicht einheitlich zusammengefasst, sondern in verschiedenen Gesetzen und Rechtsverordnungen zu finden. Am bedeutsamsten sind jedoch die **Vorschriften des UWG** (Gesetz gegen den unlauteren Wettbewerb), weitere wichtige Regelungen entstammen z. B. der Preisangabenverordnung oder aber auch dem BGB.

5.9.1 E-Mail-Werbung

Die E-Mail-Werbung erscheint vielen Unternehmen als äußerst kostengünstige Maßnahme, um mit Kunden in Kontakt zu treten. Nicht ohne Grund quellen die Postfächer mit unerwünschten E-Mails über. Die Effektivität dieser Mails darf jedoch aus ökonomischer Sicht stark angezweifelt werden, da die Internetnutzer größtenteils auf unerwünschte Werbe-Mails (sog. Spams) allergisch reagieren und zudem die Angst vor Computerviren die Neugierde auf den Inhalt der E-Mail überwiegt.

Nicht nur, dass Unternehmen durch ständiges Verschicken von Spams ihr Image aufs Spiel setzen, sie können auch juristisch dafür belangt werden. Der Gesetzgeber wertet **Spams** mittlerweile **als unzumutbare Belästigung**.

§ 7 UWG
Unzumutbare Belästigungen

(1) Unlauter im Sinne von § 3 handelt, wer einen Marktteilnehmer in unzumutbarer Weise belästigt.

(2) Eine unzumutbare Belästigung ist insbesondere anzunehmen

(…)

3. bei einer Werbung unter Verwendung von automatischen Anrufmaschinen, Faxgeräten oder elektronischer Post, ohne dass eine Einwilligung der Adressaten vorliegt; (…)

Formen des Direktmarketings durch Inanspruchnahme fremder Telekommunikationseinrichtungen werden in der Regel als rechtswidrig angesehen, was in den meisten Fällen auch für unerwünschte E-Mail-Werbung Gültigkeit hat. Diese Art der Werbung stellt ein Verstoß gegen das UWG dar, wenn der Nutzer genötigt wird, die Inhalte zur Kenntnis zu nehmen, bevor er sich entscheiden kann, sie zu löschen. Zudem werden auch Ressourcen des Empfängers verbraucht (Zeit, Druckerpatrone, Papier etc.).

Dies bedeutet jedoch nicht, dass grundsätzlich keine Werbung per E-Mail versandt werden darf. Der Gesetzgeber hat in § 7 (3) UWG ausdrücklich die **Umstände** benannt, **unter denen E-Mail-Werbung erlaubt ist**:

§ 7 UWG
Unzumutbare Belästigungen

(…)

(3) Abweichend von Absatz 2 Nr. 3 ist eine unzumutbare Belästigung bei einer Werbung unter Verwendung elektronischer Post nicht anzunehmen, wenn

1. ein Unternehmer im Zusammenhang mit dem Verkauf einer Ware oder Dienstleistung von dem Kunden dessen elektronische Postadresse erhalten hat,
2. der Unternehmer die Adresse zur Direktwerbung für eigene ähnliche Waren oder Dienstleistungen verwendet,
3. der Kunde der Verwendung nicht widersprochen hat und
4. der Kunde bei Erhebung der Adresse und bei jeder Verwendung klar und deutlich darauf hingewiesen wird, dass er der Verwendung jederzeit widersprechen kann, ohne, dass hierfür andere als die Übermittlungskosten nach den Basistarifen entstehen.

Vor der Versendung von Werbe-Mails muss also die **Einwilligung des Empfängers** eingeholt werden. Im Internet findet man bei Bestellformularen häufig einen bereits angekreuzten Zusatz „Ich bin mit der Zusendung von Werbeinformationen an meine angegebene E-Mail Adresse einverstanden“. Diese Form der Zustimmungseinholung ist rechtswidrig. Die Zustimmung soll durch den Empfänger willentlich und bewusst gegeben werden. Er soll also selbst diesen Zusatz ankreuzen. Überliest er ihn, soll er auch keine Werbemail erhalten.

Hat der Empfänger den Werbemails zugestimmt, so muss für ihn eine einfache Möglichkeit bestehen, diese Zustimmung wieder zurücknehmen zu können (z. B. eine leicht auffindbare E-Mail-Adresse, an die er eine E-Mail schicken kann).

Eine Zustimmung gilt nur für gleiche oder ähnliche Waren des Unternehmens. Sie soll kein Freibrief für alle mögliche Werbung sein.

Daraus folgt, dass der **Kauf von E-Mail-Adressen** für seriöse Unternehmen tabu sein sollte. Im Falle einer Abmahnung durch den Empfänger muss nämlich das versendende Unternehmen zweifelsfrei nachweisen können, das eine Zustimmung des Empfängers vorlag – dies ist beim Adressenkauf aussichtslos.

Das gleiche gilt für die sog. Werbe-SMS (Kurznachrichten auf das Handy).

Für Werbung per elektronischer Mail gibt es zudem noch genaue Vorschriften für deren Gestaltung (§ 6 TMG). Ist nach dem UWG eine Werbung per E-Mail möglich, so muss diese als solche klar erkennbar sein. Die E-Mail darf von der Adresse und der Betreffzeile her nicht so gestaltet sein, dass der Empfänger vermutet, es handelt sich um ein persönliches, direkt an ihn gerichtetes elektronisches Schreiben. Das Versenden von Spam, die die Anforderungen des Telemediengesetzes nicht erfüllen gilt als Ordnungswidrigkeit und kann mit einem Bußgeld von bis zu 50.000,- € bestraft werden.

§ 6 Besondere Informationspflichten bei kommerziellen Kommunikationen (TMG)

(...)

(2) Werden kommerzielle Kommunikationen per elektronischer Post versandt, darf in der Kopf- und Betreffzeile weder der Absender noch der kommerzielle Charakter der Nachricht verschleiert oder verheimlicht werden. Ein Verschleiern oder Verheimlichen liegt dann vor, wenn die Kopf- und Betreffzeile absichtlich so gestaltet sind, dass der Empfänger vor Einsichtnahme in den Inhalt der Kommunikation keine oder irreführende Informationen über die tatsächliche Identität des Absenders oder den kommerziellen Charakter der Nachricht erhält.

(3) Die Vorschriften des Gesetzes gegen den unlauteren Wettbewerb bleiben unberührt.

Es muss abgewartet werden, welche Wirkung das **Telemediengesetz** im Hinblick auf die **Spam-Flut** hat, da viele Spam-Versender ihren Sitz im Ausland haben.

5.9.2 Irreführende Werbung im Internet

Die Werbung im Internet, sei es durch E-Mail, Banner oder den kompletten Internetauftritt, darf **keinen täuschenden Charakter** haben. Nach §§ 3, 5 UWG dürfen Verbraucher nicht durch irreführende Gestaltung von Preisen und Angeboten zum Kauf verlockt werden. Ein Verstoß gegen §§ 3 und 5 UWG besteht beispielsweise dann, wenn das Angebot täuschenden Charakter hat, also der Realität unter normalen Umständen nicht standhalten wird.

Beispiel

Provider Megabyte wirbt auf seinen Bannern im Internet mit einem 100 % sicheren Internet-Zugang. Da es nach dem heutigen Stand der Technik allerdings diesen 100 % sicheren Zugang nicht gibt, handelt es sich hierbei nach § 5 UWG um eine irreführende Werbung. (Fiktives Beispiel)

Bei allen Angeboten von Waren oder Dienstleistungen, die sich nicht ausschließlich nur an Unternehmer, sondern auch an Verbraucher richten, müssen Bruttopreise als Endpreise angegeben werden. Grundlage hierfür ist die Preisangabenverordnung (PreisAngVo). Sie soll den Endverbraucher vor einer **irreführenden Preisgestaltung** schützen. Zwar darf neben dem Bruttopreis auch der Nettopreis angegeben werden, in diesem Fall muss der Bruttopreis aber deutlich sichtbar hervortreten, z. B. durch drucktechnische Gestaltung. Ansonsten verstößt der Anbieter gegen § 1 (6) S. 3 PreisAngVO.

Beispiel

Provider Megabyte wirbt für seine Flat-Rate auf seiner Homepage mit der Angabe „Rund um die Uhr für null Cent surfen". Der Preis für die Flat-Rate findet sich erst nach Anklicken des Links „nähere Details zur Flat-Rate". (Fiktives Beispiel)

Wer zur Angabe von Bruttopreisen verpflichtet ist, hat nach dem neu gefassten § 1 (2) PreisangVO anzugeben, dass die für Waren oder Leistungen geforderten Preise die Umsatzsteuer und sonstige Preisbestandteile enthalten. Falls zusätzliche Liefer- und Versandkosten anfallen, muss ebenfalls darauf hingewiesen werden. Zusätzlich ist deren Höhe anzugeben. Wer lediglich oder vorrangig unter Angabe von **Nettopreisen** wirbt, weil er **nur an Gewerbe und Handel** verkauft, hat auf diesen Umstand deutlich und an hervorgehobener Stelle hinzuweisen. Beispiele für solche Hinweise finden sich z. B. auf den Internetseiten der großen Büroartikel-Versandfirmen.

5.9.3 Vergleichende Werbung im Internet

Gerade das Internet erhöht die Möglichkeiten der vergleichenden Werbung. So kann z. B. auf der eigenen Homepage der Vergleich mit den wichtigsten Konkurrenten direkt vorgenommen oder aber durch das Setzen von Hyperlinks ein direkter Vergleich dem Kunden nahe gelegt werden. Vergleichende Werbung ist grundsätzlich erlaubt, wird allerdings durch § 6 UWG klar geregelt. Als vergleichende Werbung wird nach § 6 jede Werbung bezeichnet, die unmittelbar oder mittelbar einen Mitbewerber oder die von diesem angebotenen Waren oder Dienstleistungen erkennbar macht.

Beispiel

Unsere DSL-Flatrate ist um 10 % billiger als bei MegaByte. (Fiktives Beispiel)

Für die **vergleichende Werbung** gilt, dass sie **objektiv richtig** sein und einer Nachprüfung standhalten muss. Zudem muss dem Verbraucher ein objektiver und nachprüfbarer Vergleich ermöglicht werden. Die verglichenen Produkte müssen nicht völlig identisch sein. Es reicht, wenn sie dieselbe Funktion erfüllen, sodass sie der Käufer als austauschbar ansieht. Im Falle einer Preiswerbung muss allerdings klar und unmissverständlich auf Unterschiede (z. B. Sonderleistungen) hingewiesen werden.

Beispiel

Der Internet-Broker Realtime vergleicht seine Handelsgebühren mit denen der Konkurrenz auf einer extra dafür eingerichteten Internetseite. Dabei verschweigt er, dass die verglichenen Gebühren unterschiedlichen Handelsvolumina unterliegen. Dadurch kann er sich als „billigster" Broker darstellen. Eine Behauptung, die einer objektiven Überprüfung nicht standhält. (Fiktives Beispiel)

5.9.4 Suchwort-Werbung (Keyword-Advertising)

Die großen, dominierenden Suchmaschinen des Internets verdienen einen Großteil ihres Geldes damit, dass sie zu bestimmten Suchbegriffen, die passenden Werbeanzeigen schalten. Bei der größten Suchmaschine „google" ist dies beispielsweise so gestaltet, dass neben der Such-Ergebnisliste eine Spalte voller Kleinanzeigen schaltet, die vom Suchenden angeklickt werden können und diesen dann auf die Homepage des werbenden Unternehmens weiterleiten. Ähnlich ist es, wenn zu bestimmten Suchbegriffen **Werbebanner** oder **Pop-Ups** (aufspringende Browserfenster mit Werbung) angezeigt werden und ebenfalls den Suchenden dazu verleiten sollen, die Homepage des Unternehmens aufzusuchen. Um an solch einer Werbung teilnehmen zu können, „buchen" Unternehmen bestimmte Suchbegriffe bei dem Suchmaschinenanbieter und können dazu passen ihre Anzeige formulieren.

An dieser Praxis ist zunächst rechtlich nichts auszusetzen, sofern sich die werbenden Unternehmen auf ihr eigenes tatsächliches Angebot auch bei den Suchbegriffen beschränken. Problematisch wird es, wenn Unternehmen z. B. Suchbegriffe buchen, die eindeutig der Konkurrenz zu zuordnen sind. Solch ein Fall stellt nach § 4 Nr. 10 UWG einen Verstoß gegen das Wettbewerbsrecht dar, da der geschäftliche Konkurrent auf unlautere Weise im Wettbewerb behindert wird. Durch das Abfangen von Suchbegriffen, die vom Suchenden (Kunden) auf den Wettbewerber gerichtet sind, wird dieser an der Marktteilnahme gehindert. Aus diesem Grund sollte beim Keyword-Advertising auf das Buchen von Marken oder Namen von Wettbewerbern ausdrücklich verzichtet werden.

5.9.5 Werbung mit Pop-Ups

Ein weitverbreitetes und meist lästiges Werbephänomen im Internet sind die sog. „Pop-Ups". Der Begriff leitet sich von der englischen Verbalphrase „to pop up" ab, was soviel bedeutet wie „aufspringen". Pop-Ups werden auf allen möglichen Seiten, die Inhalte bieten, als Werbeträger für Unternehmen angeboten. Besonders verbreitet ist ihre Koppelung an Internetseiten, die kostenlose E-Mail-Konten anbieten. Dort ist der Nutzer gezwungen für längere Zeit zu verweilen, da er E-Mails schreiben oder lesen will. Dies ist dann meist begleitet, dass zu verschiedenen Themen Pop-Ups aufspringen. Wird dies vom Seitenbetreiber in ungewöhnlich massiver Form betrieben, so kann das häufige Schalten von Pop-Ups bereits eine Belästigung des Nutzers darstellen. Das Landgericht Düsseldorf hat in einem Urteil bereits die sog. Exit-Pop-Ups, also Pop-Ups, die sich öffnen, wenn der Nutzer das Browser-Fenster schließt, als generelle Wettbewerbswidrigkeit gewertet (Urteil LG Düsseldorf vom 26.03.2003, Az.: 2a O 186/02).

5.10 Rechtsgeschäfte im Internet (E-Commerce)

5.10.1 Zustandekommen von Verträgen im Internet

Verträge im Internet kommen genauso wie im realen Leben zustande – durch **Antrag und Annahme**. In der Regel werden beim Absatz von Waren über das Internet (z. B. beim Verkauf eines Buches über einen Online-Shop) Kaufverträge geschlossen.

Ein Kaufvertrag kommt – wie jeder gegenseitige Vertrag – durch zwei übereinstimmende Willenserklärungen (Angebot und Annahme) zustande. Bei der Warenpräsentation im Internet liegt noch kein Angebot durch den Verkäufer vor, da sie sich an die Allgemeinheit und nicht etwa direkt an eine Einzelperson richtet. Der Käufer gibt durch den Abschluss des Bestellvorgangs, bei einem Online-Shop etwa durch Klicken des „Bestellung"-Buttons, eine Willenserklärung (Angebot) ab. Inhalt dieser Erklärung ist, dass man mit dem Anbieter der Ware über den Inhalt des Online-Warenkorbs einen Kaufvertrag schließen möchte. Der Anbieter nimmt das Vertragsangebot entweder durch Zusendung einer Auftragsbestätigung oder durch Lieferung der Ware an.

Wird der Empfänger in einer E-Mail Werbung jedoch direkt angesprochen, so handelt es sich um ein rechtsverbindliches Angebot seitens des Verkäufers.

Beispiel

Pedro surft im Internet und entdeckt bei dem Antiquitäten-Online-Shop www.antik.com eine alte Schatztruhe. Er bestellt sie sofort. Kam bereits ein Kaufvertrag zustande?

Nein, die Bestellung ist lediglich ein Angebot zum Kauf seitens des Käufers. Der Online-Händler wird zunächst prüfen, ob die Schatztruhe im Lager noch vorrätig ist und anschließend die Bestellung bestätigen oder die Ware sofort verschicken (beides zählt als Annahme). (Fiktives Beispiel)

Bei Rechtsgeschäften über das Internet werden im Regelfall **Willenserklärungen unter Abwesenden** abgegeben. Deshalb ist § 130 (1) BGB anwendbar, was bedeutet, dass allein das Absenden einer Willenserklärung für deren Wirksamkeit grundsätzlich nicht ausreicht, sondern auch der Zugang erforderlich ist.

§ 130 BGB

Wirksamwerden der Willenserklärung gegenüber Abwesenden

(1) Eine Willenserklärung, die einem anderen gegenüber abzugeben ist, wird, wenn sie in dessen Abwesenheit abgegeben wird, in dem Zeitpunkt wirksam, in welchem sie ihm zugeht. Sie wird nicht wirksam, wenn dem anderen vorher oder gleichzeitig ein Widerruf zugeht.

(…)

Es wird davon ausgegangen, dass der Empfänger einer E-Mail unter regelmäßigen Umständen vom Inhalt der Erklärung Kenntnis nehmen konnte. Eine tatsächlich erfolgte Kenntnisnahme ist für weitere rechtliche Konsequenzen nicht erforderlich. Es gilt in der Rechtsprechung, dass ein Gewerbetreibender, der einen E-Mail-Account eingerichtet hat und die E-Mail-Adresse im Geschäftsverkehr angibt, die Mailbox regelmäßig (mindestens einmal pro Tag) auf Nachrichteneingänge überprüfen muss. Wird eine E-Mail an ein Unternehmen geschickt, so gilt sie während der Geschäftszeiten am Tag des Eingangs in der Mailbox als zugegangen. Erfolgt der Eingang nach Geschäftsschluss, so gilt der Zugang spätestens am darauf folgenden (Werk-) Tag als erfolgt.

Gerade bei schnell geschriebenen E-Mails kann es versehentlich zu Tippfehlern kommen, die eine Bestellung oder ein Angebot ungewollt verändern. Hier besteht jedoch nach § 119 BGB die Möglichkeit, die Willenserklärung im Nachhinein anzufechten:

§ 119 BGB
Anfechtbarkeit wegen Irrtums

(1) Wer bei der Abgabe einer Willenserklärung über deren Inhalt im Irrtum war oder eine Erklärung dieses Inhalts überhaupt nicht abgeben wollte, kann die Erklärung anfechten, wenn anzunehmen ist, dass er sie bei Kenntnis der Sachlage und bei verständiger Würdigung des Falles nicht abgegeben haben würde.

(2) Als Irrtum über den Inhalt der Erklärung gilt auch der Irrtum über solche Eigenschaften der Person oder der Sache, die im Verkehr als wesentlich angesehen werden.

Beispiel

Paul Hastig bestellt kurz vor Feierabend per E-Mail bei einem Bürozubehörversand 10 Pakete Druckerpapier. In seiner Hast vertippt er sich und gibt eine Bestellung für 100 Pakete ab. Erst am nächsten Tag bemerkt er den Irrtum. Er kann seine Bestellung (Willenserklärung) jedoch anfechten. Er muss allerdings eventuell dem Bürozubehörversand den durch die irrtümliche Bestellung verursachten, Schaden ersetzen (vgl. § 122 BGB).

Eine irrtümliche Willenserklärung liegt auch vor, wenn aufgrund von fehlerhaftem oder veraltetem Datenmaterial (z. B. veraltete Preisliste) eine Bestellung abgegeben wurde.

5.10.2 Verbraucherschutz bei Internetbestellungen (Fernabsatzgeschäft)

Kommt ein Vertrag über das Internet zustande und liefert ein Unternehmen Waren an einen Verbraucher, kann dieser grundsätzlich zwei Wochen lang widerrufen. Für diese wichtige Regelung des Verbraucherschutzes ist zunächst zu beachten, wen das BGB als Unternehmer und wen als Verbraucher definiert:

§ 13 BGB
Verbraucher

Verbraucher ist jede natürliche Person, die ein Rechtsgeschäft zu einem Zwecke abschließt, der weder ihrer gewerblichen noch ihrer selbständigen beruflichen Tätigkeit zugerechnet werden kann.

§ 14 BGB
Unternehmer

(1) Unternehmer ist eine natürliche oder juristische Person oder eine rechtsfähige Personengesellschaft, die bei Abschluss eines Rechtsgeschäfts in Ausübung ihrer gewerblichen oder selbständigen beruflichen Tätigkeit handelt.

Unter Fernabsatzgeschäften versteht der Gesetzgeber nicht nur Bestellungen über das Internet, sondern sämtliche Distanzgeschäfte (z. B. Katalogversand, Teleshopping etc.). Die Widerrufsfrist nach § 312d (2) BGB beginnt beim Verbraucher nicht vor Eingang der Ware zu laufen. Zudem hat der Unternehmer rechtzeitig vor Abschluss eines Fernabsatzvertrages die Informationspflichten gem. § 312c (1) BGB zu erfüllen.

§ 312 BGB
Widerrufsrecht bei Haustürgeschäften

(1) Bei einem Vertrag zwischen einem Unternehmer und einem Verbraucher, der eine entgeltliche Leistung zum Gegenstand hat und zu dessen Abschluss der Verbraucher

1. durch mündliche Verhandlungen an seinem Arbeitsplatz oder im Bereich einer Privatwohnung,
2. anlässlich einer vom Unternehmer oder von einem Dritten zumindest auch im Interesse des Unternehmers durchgeführten Freizeitveranstaltung oder
3. im Anschluss an ein überraschendes Ansprechen in Verkehrsmitteln oder im Bereich öffentlich zugänglicher Verkehrsflächen

bestimmt worden ist (Haustürgeschäft), steht dem Verbraucher ein Widerrufsrecht gemäß § 355 zu. Dem Verbraucher kann anstelle des Widerrufsrechts ein Rückgaberecht nach § 356 eingeräumt werden, wenn zwischen dem Verbraucher und dem Unternehmer im Zusammenhang mit diesem oder einem späteren Geschäft auch eine ständige Verbindung aufrechterhalten werden soll.

(2) Die erforderliche Belehrung über das Widerrufs- oder Rückgaberecht muss auf die Rechtsfolgen des § 357 Abs. 1 und 3 hinweisen.

(3) Das Widerrufs- oder Rückgaberecht besteht unbeschadet anderer Vorschriften nicht bei Versicherungsverträgen oder wenn

1. im Falle von Absatz 1 Nr. 1 die mündlichen Verhandlungen, auf denen der Abschluss des Vertrags beruht, auf vorhergehende Bestellung des Verbrauchers geführt worden sind oder
2. die Leistung bei Abschluss der Verhandlungen sofort erbracht und bezahlt wird und das Entgelt 40 € nicht übersteigt oder
3. die Willenserklärung des Verbrauchers von einem Notar beurkundet worden ist.

Wie § 312 BGB besagt, beginnt die **Widerrufsfrist** für den Verbraucher erst, wenn der Unternehmer seine Informationspflichten voll erfüllt hat. Dabei genügt es, wenn die Informationen über das Widerrufsrecht, so in das Bestell- oder Bestätigungsformular integriert sind, dass sie vom Verbraucher ungehindert wahrgenommen werden können.

Beispiel

Beim Online-Shop Nepper.com sind die Widerrufsrechte in einer unübersichtlichen Link-Liste aufgeführt. Da der Verbraucher diesen Link nur durch Zufall oder mühsamer Suche finden wird, hat Nepper.com gegen seine Informationspflicht verstoßen. (fiktives Beispiel)

Das Widerrufsrecht des Verbrauchers beträgt zwei Wochen. Zur Fristwahrung genügt die rechtzeitige Absendung. Wird die Belehrung erst nach Vertragschluss mitgeteilt, beträgt die Frist einen Monat (vgl. § 355 (2) BGB).

Der Standardwortlaut für die Widerrufsbelehrung lautet folgendermaßen (vgl. § 14 BGB-InfoV, Anlage 2):

Widerrufsbelehrung
Widerrufsrecht
Sie können Ihre Vertragserklärung innerhalb von zwei Wochen ohne Angabe von Gründen in Textform (z. B. Brief, Fax, E-Mail) oder durch Rücksendung der Sache widerrufen. Die Frist beginnt frühestens mit Erhalt dieser Belehrung. Zur Wahrung der Widerrufsfrist genügt die rechtzeitige Absendung des Widerrufs oder der Sache. Der Widerruf ist zu richten an: (Firma und ladungsfähige Anschrift des Unternehmens).
Widerrufsfolgen
Im Falle eines wirksamen Widerrufs sind die beiderseits empfangenen Leistungen zurückzugewähren und ggf. gezogene Nutzungen (z. B. Zinsen) herauszugeben. Können Sie uns die empfangene Leistung ganz oder teilweise nicht oder nur in verschlechtertem Zustand zurückgewähren, müssen Sie uns insoweit ggf. Wertersatz leisten. Bei der Überlassung von Sachen gilt dies nicht, wenn die Verschlechterung der Sache ausschließlich auf deren Prüfung – wie sie etwa im Ladengeschäft möglich gewesen wäre – zurückzuführen ist.

Im Übrigen könne Sie die Wertersatzpflicht vermeiden, indem Sie die Sache nicht wie ein Eigentümer in Gebrauch nehmen und alles unterlassen, was deren Wert beeinträchtigt.

Paketversandfähige Sachen sind auf unsere Kosten und Gefahr zurückzusenden. Nicht paketversandfähige Sachen werden bei Ihnen abgeholt.

Die „regelmäßigen" **Kosten der Rücksendung** der Sache trägt der Unternehmer, ebenso das Beschädigungs- oder Verlustrisiko. Allerdings können die Kosten der Rücksendung bei Bestellungen bis 40,- € dem Verbraucher auferlegt werden (§ 357 (2) BGB). Hierfür genügt eine entsprechende Klausel in den AGB. Dieser Passus gilt allerdings nicht, wenn die gelieferte Ware nicht der bestellten entspricht.

Beispiel

Karl kauft bei einem Online-Buchhändler 10 Bücher mit einem Gesamtbestellwert von 150,- €. Eines dieser Bücher (Wert: 20,- €) gibt er fristgerecht unter Berufung auf die Fernabsatzvorschriften an den Buchhändler zurück. Die Rücksendekosten muss Karl selbst tragen.

Falls der Verbraucher während der Widerrufsfrist die Ware benutzt, muss er nur dann für den evtl. Wertverlust der Ware aufkommen, wenn er über diese Konsequenz bei Vertragsschluss aufgeklärt worden ist. Allerdings ist diese Regelung dann unwirksam, wenn der Verschleiß allein auf die Prüfung der Ware zurückzuführen ist.

Beispiel

Karl hat sich über einen Online-Shop eine Kaffeemaschine zu einem Preis von 100,- € gekauft. Er ist mit dem Gerät jedoch nicht zufrieden und schickt es mit der Berufung auf sein Widerrufsrecht nach 10 Tagen zurück, da der Kaffee nicht heiß genug aufgebrüht wird. Der Online-Shop möchte ihm dafür nicht den vollen Kaufpreis zurück erstatten, da das Gerät schon benutzt worden ist und es nun nur noch gegen einen geringeren Preis verkauft werden kann.

Karl hat jedoch ein Anrecht auf Rückerstattung des vollen Kaufpreises, da die kurze Zeit, in der er die Kaffeemaschine benutzt hat, allenfalls als Prüfzeit gewertet werden kann (§ 357 (3) BGB).

5.10.3 Online-AGB

Für die Verwendung von AGB bei Rechtsgeschäften über das Internet, gelten grundsätzlich zunächst die allgemeinen Vorschriften für AGB (siehe Kap. 1.1.2). Bei Online-AGB ist insbesondere darauf zu achten, dass der Verwender der AGB dem Verbraucher auf seiner Internetseite die Möglichkeit verschafft, in zumutbarer Weise, vom Inhalt der AGB Kenntnis zu erlangen.

Dabei gelten folgende **Mindestanforderungen**:

- Auf der Homepage muss ein deutlich erkennbarer Link vorhanden sein, über den die AGB gelesen werden können.
- Bei der Darstellung muss ein Mindestmaß an Übersicht gewährt sein.

- Die AGB müssen einen vertretbaren Umfang im Verhältnis zur Vertragsbedeutung haben.
- Zum Lesen der AGB ist keine gesonderte Software notwendig.

5.10.4 Online-Auktionen

Online-Auktionsplattformen, wie z. B. eBay, gehören mittlerweile zu den erfolgreichsten Geschäftsmodellen, die das Internet hervorgebracht hat. Im Rahmen von Online-Auktionen werden Kaufverträge geschlossen, die durch Angebot und Annahme zustande kommen. Der Begriff „Online-Auktion“ ist jedoch irreführend, denn laut der aktuellen Rechtsprechung gelten die sog. Online-Auktionen nicht als Versteigerungen, sondern lediglich als sog. Verkäufe gegen Höchstgebot. Im Unterschied zum gewöhnlichen Online-Shop, in dem der Anbieter über das Internet seine Produkte der Öffentlichkeit zum Kauf anbietet und damit noch keine Willenserklärung abgibt, ist das Anbieten eines Produktes in einer Auktion ein Antrag zum Schließen eines Kaufvertrages (1. Willenserklärung). Der Kaufvertrag kommt dann durch das höchste, wirksam abgegebene Kaufangebot zustande. Kauft ein Verbraucher die Ware, dann gilt das gesetzliche Widerrufs- bzw. Rückgaberecht, wenn er den Vertrag mit einem Unternehmer schließt. Dies hat zur Folge, dass der Unternehmer auch bei einer Online-Auktion seinen gesetzlichen Informationspflichten genügen muss.

5.10.5 Gefahrübergang beim Versendungskauf

Erfüllungsort beim Warenkauf über das Internet ist in der Regel der Ort, an dem der Verkäufer seinen Geschäftssitz hat. Der Käufer kann wünschen, dass der Verkäufer ihm die Ware zuschickt. Hier ist § 447 BGB zu beachten.

§ 447 [1] BGB
Gefahrübergang beim Versendungskauf

(1) Versendet der Verkäufer auf Verlangen des Käufers die verkaufte Sache nach einem anderen Ort als dem Erfüllungsort, so geht die Gefahr auf den Käufer über, sobald der Verkäufer die Sache dem Spediteur, dem Frachtführer oder der sonst zur Ausführung der Versendung bestimmten Person oder Anstalt ausgeliefert hat.
(2) Hat der Käufer eine besondere Anweisung über die Art der Versendung erteilt und weicht der Verkäufer ohne dringenden Grund von der Anweisung ab, so ist der Verkäufer dem Käufer für den daraus entstehenden Schaden verantwortlich.

Danach hat der Verkäufer das rechtliche Risiko einer Beschädigung oder Zerstörung der Ware nur bis zu dem Zeitpunkt zu tragen, an dem er das Paket mit der (ordnungsgemäß verpackten) Ware dem Transportunternehmen übergibt. Für Schäden, die auf dem Transportweg entstehen, haftet er nicht.

Beispiel

Druckerei Schmitt bestellt über das Internet Spezialdruckfarbe. Die Farbgroßhandel AG (Verkäufer) übergibt die bestellte Ware an ein Transportunternehmen. Der LKW des Transportunternehmens hat auf der Autobahn einen schweren Unfall, die Ladung wird komplett zerstört. Die Druckerei hat keine Ansprüche mehr gegen über der Farbgroßhandel AG, da diese allen Verkäuferpflichten nachgekommen ist. Für einen Schadensersatz muss sie sich an das Transportunternehmen wenden. (fiktives Beispiel)

Eine Ausnahme gilt beim Verbrauchsgüterkauf. Ein Verbrauchsgüterkauf ist gegeben, wenn ein Unternehmen an einen Verbraucher verkauft. Hier trägt der Verkäufer das rechtliche Risiko einer Beschädigung oder Zerstörung bis zu dem Zeitpunkt, an dem der Verbraucher die Ware empfängt (§ 474 (2) BGB).

Bei einem Verkauf zwischen Privatpersonen gilt wieder, falls nichts anderes im Kaufvertrag geregelt wird, dass der Erfüllungsort der Wohnort des Verkäufers ist.

5.11 Social Media Management – Rechtsfragen

Soziale Online-Netzwerke sind heutzutage für Unternehmen im Sinne der Vermarktung und für Privatpersonen im Sinne der Selbstdarstellung nicht mehr wegzudenken. Facebook, Twitter, XING, Foren, Blogs oder berufliche Netzwerke bieten ein Forum, um mit Kunden, Arbeitgebern oder Unternehmen in Kontakt zu treten. Dieses große Potenzial der Kontaktakquise und -pflege bietet für die Beteiligten große Chancen – jedoch auch rechtliche Risiken. Diese Risiken sind kein juristisches Neuland, vielmehr ist es so, dass technische Neuerungen im Bewusstsein der Nutzer oftmals auf bekannte Rechtsformate zurückgeführt werden müssen.

5.11.1 Was ist Social Media Management?

Zunächst ist die Frage zu klären, was unter Social Media Management zu verstehen ist. Social Media Management meint die gezielte Arbeit eines Unternehmens in sozialen Online-Medien des Web 2.0. Dazu gehören Informationen und Werbung in Blogs, Foren oder sozialen Netzwerken zum eigenen Unternehmen, aber auch das Aufspüren von Trends und Meinungen zum eigenen Unternehmen in Foren etc..

5.11.2 Mögliche Rechtsprobleme

5.11.2.1 Irreführende Werbung in sozialen Medien

Die Anonymität des Internets birgt immer die Gefahr des Missbrauchs. In Online-Medien besteht besonders die Gefahr, dass durch Social Media Management gezielt Falschinformationen gestreut werden. Sind es gezielte Falschinformationen im Bezug auf eigene Produkte (z. B. verdecktes Belobigen der Qualität in Foren), die ein Mitarbeiter (z.B. der Social Media Manager) eines Unternehmens im Netz streut, so liegt der Tatbestand der Irreführenden Werbung vor (§§ 3,5 UWG), da anzunehmen ist, dass der Mitarbeiter im Auftrag seines Unternehmens handelt. Irreführend wäre auch die Darstellung des eigenen Produktes auf der Internetseite in einer Art und Weise, die eine hohe Verwechslungsgefahr mit einem Konkurrenzprodukt mit sich bringt.

Somit gilt für den Social Media Manager, dass alle geschäftlichen Handlungen irreführend (und damit verboten) sind, die den Verbraucher täuschen können. Hierzu gehört auch das Anlegen von Pseudo-Profilen, um in Blogs und Foren auf das Unternehmen aufmerksam zu machen.

5.11.2.2 Verleumdung in sozialen Medien

Analog zum vorhergehenden Abschnitt ist der Straftatbestand der Verleumdung erfüllt, wenn in Blogs, Foren und sozialen Netzwerken von Mitarbeitern eines Unternehmens Unwahrheiten und Negativmeldungen über Konkurrenzprodukte verbreitet werden. Dies ist jedoch abzugrenzen von Tatsachenbehauptungen, privaten Werturteilen oder Meinungsäußerungen von Kunden. Die Abgrenzung ist bisweilen schwierig. Eine Meinungsäußerung oder ein privates Werturteil sollte immer durch entsprechende Formulierungen kenntlich gemacht sein.

Beispiel

Eine Formulierung wie die folgende wäre in Ordnung:

Mit Unternehmen XY habe ich bei der letzten Bestellung schlechte Erfahrung gemacht, da sich die Lieferung erheblich verzögert hat.

Die folgende Formulierung käme in den Bereich der Verleumdung:

Unternehmen XY hat einen miesen Service und liefert sehr nachlässig.

Doch auch bei den Meinungsäußerungen und privaten Werturteilen gilt: Werden sie durch Pseudo-Profile zur Schädigung des Unternehmens in die Welt gesetzt, so handelt es sich bereits um Verleumdung. Dies gilt umso mehr, wenn ein Unternehmen dieses Verhalten mit Pseudo-Profilen betreibt. Dann liegt Verleumdung vor (Verbreitung von Unwahrheiten über eine Person unter Vorsatz), was strafrechtlich belangt werden kann.

Strafgesetzbuch (StGB)
§ 187 Verleumdung
Wer wider besseres Wissen in Beziehung auf einen anderen eine unwahre Tatsache behauptet oder verbreitet, welche denselben verächtlich zu machen oder in der öffentlichen Meinung herabzuwürdigen oder dessen Kredit zu gefährden geeignet ist, wird mit Freiheitsstrafe bis zu zwei Jahren oder mit Geldstrafe und, wenn die Tat öffentlich, in einer Versammlung oder durch Verbreiten von Schriften (§ 11 Abs. 3) begangen ist, mit Freiheitsstrafe bis zu fünf Jahren oder mit Geldstrafe bestraft.

Dies gilt auch für den umgekehrten Fall. Findet ein Social Media Manager (oder ein anderer Mitarbeiter) Schmähungen über das eigene Unternehmen im Netz, so hat das Unternehmen Recht auf Unterlassung und Schadensersatz und kann auch strafrechtlich dagegen vorgehen.

Findet ein Social Media Manager verleumderische Aussagen über das Unternehmen in Foren oder Blogs, so kann er vom Betreiber verlangen, dass diese gelöscht werden. Kommt der Betreiber der Forderung nicht nach, so ist es möglich, ihn über einen Anwalt abmahnen zu lassen. Weiterhin kann versucht werden, die IP-Adresse des Verfassers heraus zu bekommen. Hierzu muss allerdings die Polizei eingeschaltet werden, was bedeutet, dass eine Strafanzeige aufgegeben werden muss.

Lernkontrolle zu Kap. 5

Beurteilen Sie die folgenden Fälle:

1. Der Inhaber des Reisebüros Tillmann, Ullmann und Illman möchten das Akronym ihrer Nachnamen (tui) in der Domain für den Internetauftritt des Reisebüros als www.tui-reisebuero.de nutzen.
2. Die Großbäckerei Müller, die unter anderem auch bundesweit Discounter mit Brötchen beliefert, möchte seinen Internetauftritt unter www.müller-backwaren. de veröffentlichen. Als die Domain registriert werden soll, zeigt sich, dass diese bereits von einem oberbayerischen Kleinbäcker in Anspruch genommen wurde.
3. Ein Wehrdienstverweigerer möchte unter der Domain www.verteidigungsministerium.de Tipps zur Wehrdienstverweigerung geben.
4. Klaus Klever hat durch Recherche im Internet herausgefunden, dass das ortsansässige Möbelunternehmen, die Möbelmann KG, noch keinen Internetauftritt hat. Er reserviert deshalb sämtliche aussagekräftige Domains, die von der Möbelmax KG genutzt werden könnten (www.möbelmax.de, www.möbelmax-online.de, etc.), in der Hoffnung, sie später gegen gutes Geld an das Unternehmen verkaufen zu können.

5. Der Steuerberater Dr. Müller hat seinen Internetauftritt unter www.steuerberater-frankfurt.de registriert.
6. Ein Maschinengroßhändler gibt bei der Programmierung seiner Internetseite in die Meta-Tags auch Markennamen von Herstellern ein, die er überhaupt nicht in seinem Sortiment führt.
7. Herr X verkauft seltene Münzen auf einer Internetauktionsseite. Da es ihm zu viel Aufwand ist, die Münzen selbst zu fotografieren, downloadet er sich passende Bilder von einem Münzhändler und stellt anschließend seine Produktbeschreibung samt den Bildern auf die Handelsplattform des Internetauktionshauses.
8. Web-Designer Y bekommt einen Auftrag zum Design einer Internetseite für ein Reiseunternehmen. Um für den Auftrag Ideen zu sammeln, surft er im Internet. Er stößt auf eine grafisch sehr ansprechende Seite eines Reisebüros. Er baut die Seite vom Aufbau her nahezu identisch nach. Lediglich die Farben und die Fotos sind verschieden.
9. Frank (F) hat sich bei einer Musikdatenbank für 1,50 € den neuesten Hit von der bekannten Rock-Sängerin Melanie herunter geladen. Er ist von dem Song so begeistert, dass er ihn auf seiner Homepage einstellt, damit seine Freunde darauf zugreifen können. Sicherheitshalber schreibt er neben den Download-Button den Vermerk „Dieser Song ist nur zum Download für den privaten Gebrauch!“ Sängerin Melanie surft im Internet und kommt, nachdem sie ihren Songtitel in eine Suchmaschine eingegeben hat, auf Franks Seite. Was kann sie gegen Frank unternehmen?
10. Webmaster B., Sympathisant einer linksradikalen Partei, stellt auf seiner privaten Homepage mehrere Links bereit, die auf Seiten mit verfassungsfeindlichem Inhalt verweisen. Um Rechtsproblemen vorzubeugen, bringt Kai auf der Seite einen Muster-Disclaimer an, in dem er sich von allen verlinkten Inhalten distanziert! Wie ist die Rechtslage?
11. a) Tom bietet auf einer Auktionsplattform. Er möchte eine gebrauche Levis-Jeans von einem gewerblichen Händler ersteigern. In der Hitze des Gefechts vertippt er sich allerdings bei der Gebotsabgabe und setzt ein Gebot von 150,- € statt 15,- €. Muss Tom die gebrauchte Jeans nun für 150,- € abnehmen?
    b) Tom konnte die Jeans letztlich zu 30,- € ersteigern und wartet nun jeden Tag gespannt auf den Postboten. Als nach 14 Tagen immer noch kein Päckchen mit der Jeans eingetroffen ist, wendet er sich an den Verkäufer (ein gewerblicher Online-Shop) und bittet um Aufklärung. Dieser behauptet, er habe die Jeans längst verschickt, zudem trage der Käufer das Transportrisiko!
12. Bei einem Online-Shop für Luxusuhren wird auf der ersten Seite als aktuelles Angebot eine Rolex für 799,- € netto angeboten.
13. Der Versicherer Securito bewirbt seine Unfallschutzversicherung im Internet. Auf seiner Homepage trifft er die Aussage, dass er mit einer monatlichen Prämie von 4,99 €/Monat deutschlandweit der günstigste Versicherer sei. Ein dem Vergleich zugrunde liegendes Leistungspaket sucht man auf der Seite allerdings vergeblich.

6 Datenschutz

Der Datenschutz ist einer der Grundpfeiler unserer modernen Informations- und Mediengesellschaft. Durch die Nutzung der modernen Kommunikationstechnologien werden bewusst oder unbewusst immer mehr persönliche Daten in die Welt getragen. Das Datenschutzrecht soll einen rechtlichen Rahmen schaffen, damit diese Daten nicht missbraucht werden.

Datenschutz als Wachstumsfaktor Der Datenschutz ist zudem eines der wichtigsten Wachstumsfaktoren des Internets, da erst ein vertrauenswürdiger Umgang mit den Daten der Kunden, diese zu einer vielfältigen Nutzung (z. B. Online-Banking etc.) des neuen Mediums ermutigt.

Der rechtliche Datenschutz basiert auf dem Art. 2 des Grundgesetzes (GG), der vor unerlaubten Eingriffen in die Privatsphäre des einzelnen Bürgers schützen soll.

Schutz persönlicher Daten Er soll den einzelnen Bürger und Konsumenten davor bewahren, dass er durch die Datenverarbeitung in Unternehmen in seinem allgemeinen Persönlichkeitsrecht (Art. 2 GG) beeinträchtigt wird. Er garantiert, dass jeder über seine personenbezogenen Daten selbst bestimmt. Personenbezogene Daten sind z. B. die Adresse, Telefonnummer, Bankverbindung, Konfession, Gesundheitszustand, aber auch Meinungen und Werturteile der Person. Der Bürger soll selbst entscheiden können, ob und in welchem Umfang er personenbezogene Daten zugänglich machen will und wer sie verarbeiten darf.

Das Datenschutzrecht ist in einer Vielzahl von Gesetzen geregelt, die auch für den Experten kaum noch zu überblicken sind. Aus diesem Grund sollen hier die grundlegenden Vorschriften des Bundesdatenschutzgesetzes (BDSG) sowie des Datenschutzrechtes speziell für Tele- und Mediendienste, behandelt werden.

C. Kaesler, *Recht für Medienberufe*,
DOI 10.1007/978-3-658-14200-1_6

6.1 Das Bundesdatenschutzgesetz (BDSG)

Der Anwendungsbereich des Bundesdatenschutzgesetzes (BDSG) bezieht sich auf Datensammlungen, die den gesetzlich definierten Begriff einer Datei erfüllen:

§ 3 BDSG
Weitere Begriffsbestimmungen

(1) Personenbezogene Daten sind Einzelangaben über persönliche oder sachliche Verhältnisse einer bestimmten oder bestimmbaren natürlichen Person (Betroffener).
(2) Automatisierte Verarbeitung ist die Erhebung, Verarbeitung oder Nutzung personenbezogener Daten unter Einsatz von Datenverarbeitungsanlagen. Eine nicht automatisierte Datei ist jede nicht automatisierte Sammlung personenbezogener Daten, die gleichartig aufgebaut ist und nach bestimmten Merkmalen zugänglich ist und ausgewertet werden kann.
(…)

Wie § 3 (1) BDSG besagt, fallen unter das BDSG nur Einzelangaben über sachliche oder persönliche Verhältnisse. Daraus folgt, dass Daten, die zusammengefasst oder anonymisiert sind und damit nicht mehr einer bestimmten Person zugeordnet werden können, nicht unter das BDSG fallen.

Datenschutz nach dem EVA-Prinzip Laut § 3 (2) BDSG richtet sich der Datenschutz nach den typischen drei Phasen der Datenverarbeitung, dem sog. EVA-Prinzip.

- Erheben: Beschaffen von Daten über die Kunden.
- Verarbeiten: Speichern, Verändern, Übermitteln und Löschen persönlicher Daten.
- Anwendung (Nutzung): Jede über die Verarbeitung hinausgehende Nutzung der Daten (§ 3 (5) BDSG).

Beispiel

Ein Dienstanbieter im Internet gewinnt und verarbeitet Daten von seinen Kunden auf die folgende Weise:

- Erheben: Mit einer speziellen Software wird das genaue Surfverhalten des einzelnen Kunden erfasst.
- Verarbeiten: Da es sich bei den Kunden um registrierte Nutzer handelt, die bereits einige persönliche Daten angegeben haben (Alter, Geschlecht etc.), kann aus den gewonnenen Daten zum Surfverhalten ein genaues personenbezogenes Nutzerprofil erstellt werden.
- Anwendung (Nutzung): Das Nutzerprofil wird dazu genutzt, passgenaue Werbemails an die Kunden zu versenden.

Sämtliche Schritte des Beispiels wären auf ihre datenschutzrechtliche Zulässigkeit zu überprüfen. Die Verarbeitung von personenbezogenen Daten ist nur möglich, wenn der Betroffene zuvor eingewilligt hat.

§ 4 BDSG
Zulässigkeit der Datenverarbeitung und -nutzung
(1) Die Verarbeitung personenbezogener Daten und deren Nutzung sind nur zulässig, wenn dieses Gesetz oder eine andere Rechtsvorschrift sie erlaubt oder anordnet oder soweit der Betroffene eingewilligt hat.
(…)

Einwilligung in die Datenerhebung Willigt ein Betroffener in die Datenerhebung ein, so ist er auf den Zweck der Speicherung und einer vorgesehenen Übermittlung sowie auf Verlangen auf die Folgen der Verweigerung der Einwilligung hinzuweisen (§ 4 (2) BDSG). Die Einwilligung muss schriftlich oder in einer dem Medium angepassten Form (z. B. im Internet über ein HTML-Formular), abgegeben werden. Die Einwilligung in die Datenerhebung darf nicht pauschal in den Allgemeinen Geschäftsbedingungen (AGB) vorformuliert sein.

Beispiel
Ein Mobilfunkanbieter hat in seinen AGB eine Klausel formuliert, in der sich der Kunde durch den Abschluss des Vertrages damit einverstanden erklärt, dass die in seinem Auftrag enthaltenen personenbezogenen Daten von dem Anbieter uneingeschränkt genutzt werden können. Dies entspricht nicht den Anforderungen des § 4 BDSG und ist damit unzulässig. (Fiktives Beispiel)

Die Einwilligung ist nicht notwendig, wenn die Daten anonymisiert werden und Dritte nicht mehr auf die Personen, die hinter diesen Daten stehen, schließen können.

Alle Personen, die in einem Unternehmen mit der Verarbeitung und Nutzung von personenbezogenen Daten beschäftigt sind, dürfen diese Daten nicht unbefugt verarbeiten oder nutzen und auf gar keinen Fall in die Öffentlichkeit tragen (§ 5 BDSG).

Benutzt ein Unternehmen Daten nur zu eigenen Geschäftszwecken, so ist eine Datenverarbeitung erlaubt:

§ 28 BDSG
Datenspeicherung, -übermittlung und -nutzung für eigene Zwecke
(1) Das Speichern, Verändern oder Übermitteln personenbezogener Daten oder ihre Nutzung als Mittel für die Erfüllung eigener Geschäftszwecke ist zulässig im Rahmen der Zweckbestimmung eines Vertragsverhältnisses oder vertragsähnlichen Vertrauensverhältnisses mit dem Betroffenen,
(…)

Laut § 28 BDSG kann ein Unternehmen also personenbezogene Daten verarbeiten, die durch Vertragsschluss übermittelt werden, sofern sie dem eigenen Geschäftszweck dienen. Sie dienen dem eigenen Geschäftszweck, wenn sie zum Vertragsabschluss und der Durchführung von Verträgen beitragen.

Beispiel

Der Online-Versand Berger e.K. für Camping Artikel erwirbt die Daten von Heinz Müller, der ein Camping-Zelt bei Berger über das Internet gekauft hat. Berger hat nun die Adressdaten von Heinz Müller und schickt ihm deshalb regelmäßig einen Werbekatalog. (fiktives Beispiel)

Für Werbe- oder Marktforschungszwecke dürfen bestimmte Daten übermittelt und genutzt werden:

§ 28 BDSG
Datenspeicherung, -übermittlung und -nutzung für eigene Zwecke

(…)
(2) Die Übermittlung oder Nutzung ist auch
(…) für Zwecke der Werbung, der Markt- und Meinungsforschung, wenn es sich um listenmäßig oder sonst zusammengefasste Daten
a) eine Angabe über die Zugehörigkeit des Betroffenen zu dieser Personen-gruppe,
b) Berufs-, Branchen- oder Geschäftsbezeichnung,
c) Namen,
d) Titel,
e) akademische Grade,
f) Anschrift,
g) Geburtsjahr
beschränken und kein Grund zu der Annahme besteht, dass der Betroffene ein schutzwürdiges Interesse an dem Ausschluss der Übermittlung hat (…).

Daraus folgt, dass der **Handel mit Adressen** grundsätzlich zulässig ist. Für Werbung oder Marktforschung dürfen Daten weitergegeben werden. Allerdings nur, wenn sie aus allgemein zugänglichen Quellen stammen oder listenmäßig zusammengefasst sind und es sich lediglich um den Personenstammsatz (siehe § 28 (2)[a–g] BDSG) handelt (vgl. auch § 29 BDSG).

6.2 Spezielle datenrechtliche Vorgaben für Online-Dienste

Die obigen Ausführungen gelten für alle Bereiche des Datenschutzes. Die neuen Medien haben jedoch spezielle, auf sie zugeschnittene gesetzliche Vorschriften notwendig werden lassen, da bei der Nutzung von Online-Diensten schnell große Mengen personenbezogener Daten anfallen.

Bei Daten, die vom Kunden per Internet übermittelt werden, benötigt das Unternehmen ebenfalls dessen vorherige Einwilligung. Da dies in schriftlicher Form für den Online-Geschäftsverkehr zu umständlich ist, hat das Teledienstdatenschutzgesetz der Technologie Rechnung getragen. Die Einwilligung kann auch online erfolgen, das Unternehmen muss aber durch eine entsprechende Programmierung sicherstellen, dass die Einwilligung des Kunden durch eine eindeutige und bewusste Handlung erfolgt.

Anschließend muss er in der Lage sein, diese Einwilligung widerrufen zu können. Es ist also erlaubt, dass bei einem Online-Formular durch Anklicken eines entsprechenden Kästchens die Einwilligung zur Verarbeitung personenbezogener Daten eingeholt wird. Ein bereits vorgeklicktes Kästchen stellt einen Verstoß gegen den Datenschutz dar, da der Kunde zu leicht das Kästchen übersehen könnte, was bedeutet, dass die Einwilligung nicht durch eine bewusste Handlung des Kunden vorgenommen worden ist.

6.3 Der Datenschutzbeauftragte

Die Einhaltung des rechtlichen Datenschutzes unterliegt bei Wirtschaftsunternehmen der Selbstkontrolle. Hat ein Unternehmen fünf oder mehr Mitarbeiter mit der Datenverarbeitung beschäftigt, so muss es einen Datenschutzbeauftragten bestellen. Jeder Mitarbeiter, der mit der Erhebung, Verarbeitung und Nutzung personenbezogener Daten betraut ist, muss im Zweifel hier eingerechnet werden. Das BDSG fordert vom Datenschutzbeauftragten insbesondere Fachkunde und Zuverlässigkeit (§ 4f (2) BDSG).

§ 4f (2) BDSG
Beauftragter für den Datenschutz

(…)

(2) Zum Beauftragten für den Datenschutz darf nur bestellt werden, wer die zur Erfüllung seiner Aufgaben erforderliche Fachkunde und Zuverlässigkeit besitzt. Mit dieser Aufgabe kann auch eine Person außerhalb der verantwortlichen Stelle betraut werden. (…)

(…)

Laut § 4f (2) BDSG ist es erlaubt, dass die Aufgabe des Datenschutzbeauftragten auch extern übernommen wird. Dies ist in der Regel kostengünstiger, als wenn ein interner Mitarbeiter zum Datenschutzbeauftragten ernannt wird. Die nicht rechtzeitige Bestellung eines Datenschutzbeauftragten ist eine Ordnungswidrigkeit und kann mit einem Bußgeld von bis zu 25.000,- € geahndet werden.

6.4 Hacking als Straftatbestand

Als Hacking wird das unerlaubte Eindringen in ein fremdes Computersystem oder Computernetzwerk verstanden, um Daten auszuspähen oder zu kopieren oder auch um Schaden anzurichten (z. B. Datenbestände löschen etc.). Hacker verursachen weltweit Schaden von Milliarden Euro und ist eine sehr ernstzunehmende Straftat! Im Strafrecht wird aus diesem Grund das Hacking besonders erwähnt und ist mit einer empfindlichen Strafe belegt.

§ 202a. Ausspähen von Daten (StGB)

2(1) Wer unbefugt sich oder einem anderen Zugang zu Daten, die nicht für ihn bestimmt und die gegen unberechtigten Zugang besonders gesichert sind, unter Überwindung der Zugangssicherung verschafft, wird mit Freiheitsstrafe bis zu 3 Jahren oder mit Geldstrafe bestraft.

(2) Daten im Sinne des Absatzes 1 sind nur solche, die elektronisch, magnetisch oder sonst nicht unmittelbar wahrnehmbar gespeichert sind oder übermittelt werden.

Lernkontrolle zu Kap. 6

Beurteilen Sie bitte folgende Fälle:

1. Ein Online-Buchversand möchte die Daten, die bei der Kundennutzung des unternehmenseigenen Informationsportals anfallen, anonymisiert an einen Anbieter einer Suchmaschine verkaufen, damit dieser diese Daten zur Konzipierung eines eigenen Info-Portals nutzen kann.
2. Der Meier-Versand nutzt die Kundenadressen, die es von früheren Bestellungen hat, um regelmäßig seine Kataloge zu verschicken.

7 Presserecht

7.1 Grundbegriffe

Das Presserecht im engeren Sinne unterliegt in der Bundesrepublik Deutschland der Gesetzgebungskompetenz der einzelnen Bundesländer. Die Regelungen zwischen den Ländern stimmen jedoch größtenteils überein, sodass die hier gemachten Ausführungen und Zitate einzelner Landespressegesetze für die gesamte Bundesrepublik Geltung haben.

Unter dem **Begriff „Presserecht“** im weiteren Sinne werden sämtliche Gesetze verstanden, die für die Pressearbeit von Belang sein können, so z. B. das Urheberrecht, das Wettbewerbsrecht, das Strafrecht (z. B. bei Beleidigung oder Verleumdung) etc. An dieser Stelle soll hauptsächlich auf das Presserecht im engeren Sinne eingegangen werden.

Der **Begriff „Presse“** bezeichnet alle in Massen hergestellten Druckerzeugnisse, die einmalig oder periodisch erscheinen. Unter das Presserecht fallen nicht Druckerzeugnisse, soweit sie ausschließlich amtliche Mitteilungen enthalten oder Druckwerke, die nur Zwecken des Gewerbes und Verkehrs dienen (z. B. Formulare, Preislisten, Werbedrucksachen, Geschäftsberichte etc. (§ 7 (3) Landespressegesetz [LPresseG] Baden-Württemberg).

7.2 Pressefreiheit

Die Meinungs- und Pressefreiheit ist in der Bundesrepublik Deutschland im Grundgesetz garantiert:

C. Kaesler, *Recht für Medienberufe*,
DOI 10.1007/978-3-658-14200-1_7

Artikel 5 GG

(1) Jeder hat das Recht, seine Meinung in Wort, Schrift und Bild frei zu äußern und zu verbreiten und sich aus allgemein zugänglichen Quellen ungehindert zu unterrichten. Die Pressefreiheit und die Freiheit der Berichterstattung durch Rundfunk und Film werden gewährleistet. Eine Zensur findet nicht statt.

(...)

Die Pressefreiheit übernimmt eine wichtige Funktion in einer Gesellschaft, indem sie zur objektiven und perspektivenreichen Meinungsbildung beiträgt. Aus diesem Grund benötigt sie Gesetze, die ihre Freiheit schützen. Dies wird in den Landespressegesetzen ausdrücklich formuliert (hier am Beispiel des Landespressegesetzes Baden-Württembergs):

§ 1 LPressG
Freiheit der Presse

(1) Die Presse ist frei. Sie dient der freiheitlichen demokratischen Grundordnung.

(...)

Ähnlich auch im Bayrischen Landespressegesetz:

Artikel 3 BayPrG
Rechte und Pflichten der Presse

(1) Die Presse dient dem demokratischen Gedanken.

(...)

7.3 Rechte und Privilegien der Presse

Der Presse wird die Erfüllung einer öffentlichen Aufgabe zugesprochen:

§ 3 LPressG
Öffentliche Aufgabe der Presse

Die Presse erfüllt eine öffentliche Aufgabe, wenn sie in Angelegenheiten von öffentlichem Interesse Nachrichten beschafft und verbreitet, Stellung nimmt, Kritik übt oder auf andere Weise an der Meinungsbildung mitwirkt.

Zur Wahrnehmung ihrer Aufgaben ist die Presse mit einigen Sonderrechten und Privilegien ausgestattet.

Zulassungsfreiheit So bedarf die Pressetätigkeit einschließlich der Errichtung eines Verlagsunternehmens oder eines Betriebes des Pressegewerbes keinerlei Zulassung (§ 2 LPressG).

Informationspflicht der Behörden Behörden sind verpflichtet, Vertretern der Presse, Auskünfte über ihre Arbeit zu erteilen (§ 4 LPressG). Das Recht auf Auskunft kann nur gegenüber dem Behördenleiter oder den von ihm Beauftragten geltend gemacht werden. Die Auskunft darf nur verweigert werden, soweit aufgrund beamtenrechtlicher oder sonstiger gesetzlicher Vorschriften eine Verschwiegenheitspflicht besteht (Art. 4 Bayerisches Pressegesetz).

Die Auskünfte können verweigert werden, wenn:

- Hierdurch die sachgemäße Durchführung eines schwebenden Verfahrens vereitelt, erschwert, verzögert oder gefährdet werden könnte oder,
- Vorschriften über die Geheimhaltung entgegenstehen oder
- ein überwiegendes öffentliches oder schutzwürdiges privates Interesse verletzt würde oder
- ihr Umfang das zumutbare Maß überschreitet. (§ 4 LPressG).

Beispiel

Die Tageszeitung „Tagesticker" berichtet des Öfteren kritisch über die Untätigkeit der Behörde XY. Der Behördenleiter verweigert deshalb die Auskunft gegenüber dem Tagesticker. Diese Verweigerungshaltung ist presserechtlich unzulässig, da der Behördenleiter keinen offiziellen Verweigerungsgrund hat.

Betreiben Behörden aktive Pressearbeit (z. B. die Bundesagentur für Arbeit), so müssen sie die Neutralität achten und dürfen Vertreter einzelner Medien nicht diskriminieren. Sie dürfen auch nicht bestimmte Medienvertreter bevorzugen.

Ein weiteres Privileg der Journalisten stellt das sog. Zeugnisverweigerungsrecht aus beruflichen Gründen dar, um Informanten und Quellen, die für die Recherchearbeit herangezogen wurden, zu schützen (§ 53 Strafprozessordnung [StPO]). Bei schweren Straftaten kann dieses Recht jedoch eingeschränkt werden.

Für journalistisch recherchiertes Material besteht zudem ein Beschlagnahmeverbot (§ 97 (5) [StPO]). Das Beschlagnahmeverbot ist Ausdruck der grundgesetzlichen Pressefreiheit, kann jedoch unter richterlicher Abwägung und Anordnung eingeschränkt werden (§ 13 (2) LPressG).

7.4 Pflichten der Presse

An die Freiheit der Presse werden jedoch Maßstäbe angelegt, wie sie ihre Freiheit zu gebrauchen hat. So darf die Presse nicht über alles oder jeden berichten oder gar Halb- oder Unwahrheiten in die Welt setzen.

Ausgangspunkt der Maßstäbe an die Berichterstattung der Presse ist zunächst wieder das Grundgesetz:

Artikel 2 GG

(1) Jeder hat das Recht auf die freie Entfaltung seiner Persönlichkeit, soweit er nicht die Rechte anderer verletzt und nicht gegen die verfassungsmäßige Ordnung oder das Sittengesetz verstößt.

In den Landespressegesetzen ist dies konkreter formuliert:

Artikel 3 BayPrG Rechte und Pflichten der Presse

(…)
(2) Sie hat in Erfüllung dieser Aufgabe die Pflicht zu wahrheitsgemäßer Berichterstattung (…).

Nachrichten auf Wahrheit prüfen An die Berichterstattung der Presse werden damit seitens des Gesetzes hohe Maßstäbe angelegt. Alle Nachrichten sind vor ihrer Verbreitung sorgfältig auf Wahrheit, Inhalt und Herkunft zu prüfen. Gerüchte oder Vermutungen sind damit als solche kenntlich zu machen (etwa über eine entsprechende Formulierung) und dürfen nicht mit Tatsachen vermengt werden.

Beispiel

Es geht das Gerücht um, dass Rockstar XY wegen Drogenbesitzes verhaftet worden sei. Ein „Revolverblatt" berichtet: „Rockstar XY ist wegen Drogenbesitzes in U-Haft". Diese Berichterstattung wäre ein Verstoß gegen das Presserecht, da die Tatsache lediglich ein Gerücht ist. Das Revolverblatt müsste berichten: „Gerüchten zufolge ist Rockstar XY wegen Drogenbesitzes verhaftet worden."

Die Presse ist zudem verpflichtet, Druckwerke von **strafbarem Inhalt** freizuhalten oder solche Druckwerke nicht zu verbreiten (§ 6 LPressG). Medieninhalte dürfen somit auch nicht gegen die verfassungsmäßige Ordnung verstoßen (verfassungswidriges Gedankengut darf also nicht verbreitet werden). Die Vorschriften der allgemeinen Gesetze und die gesetzlichen Bestimmungen zum Schutz der Jugend und des Rechts der persönlichen Ehre müssen eingehalten werden.

Jedes Druckwerk der Presse muss mit einem **Impressum** versehen sein. Dieses besteht mindestens aus dem Namen oder der Firma einschließlich der Anschrift des Druckers und des Verlegers. Auf den periodischen Druckwerken sind ferner Name und Anschrift des verantwortlichen Redakteurs anzugeben. Sind bei einem Druckwerk mehrere Redakteure verantwortlich, so muss das Impressum über jeden von ihnen die geforderten Angaben enthalten. Hierbei ist kenntlich zu machen, für welchen Teil oder sachlichen Bereich des Druckwerks jeder einzelne verantwortlich ist.

Für den Anzeigenteil ist ebenfalls ein Verantwortlicher zu benennen (Anzeigenredakteur). Für ihn gelten die gleichen Vorschriften wie für die anderen verantwortlichen Redakteure. Für Zeitungen und Anschlusszeitungen, die regelmäßig ganze Seiten des redaktionellen Teils fertig übernehmen, gilt zudem, dass sie für den übernommenen Teil die verantwortlichen Redakteure und den Verleger benennen müssen. Sogenannte Kopfzeitungen (z. B. Lokalausgaben einer überregionalen Zeitung) müssen im Impressum auch den Titel der Hauptzeitung angeben (§ 8 LPresseG).

7.4.1 Anforderungen an den Redakteur

An den verantwortlichen Redakteur eines Presseerzeugnisses werden folgende gesetzliche Anforderungen gestellt:

Er darf nicht:

- Seinen ständigen Aufenthalt außerhalb der Bundesrepublik Deutschland haben,
- infolge Richterspruchs die Fähigkeit, öffentliche Ämter zu bekleiden, Rechte aus öffentlichen Wahlen zu erlangen oder in öffentlichen Angelegenheiten zu wählen oder zu stimmen, verloren haben,
- jünger als 21 Jahre alt sein,
- nicht oder nur beschränkt geschäftsfähig sein.

Zudem muss er unbeschränkt strafgerichtlich verfolgt werden können (§ 9 LPressG).

Kennzeichnung von Werbung Werbeanzeigen sind in Presseerzeugnissen gesondert zu kennzeichnen. Es soll vermieden werden, dass redaktionelle Beiträge, die einer möglichst objektiven Berichterstattung genügen müssen, vom Leser mit manipulativen Werbetexten verwechselt werden. Werbeanzeigen sind entweder durch Anordnung und Gestaltung von redaktionellen Texten abzuheben oder deutlich mit dem Wort „Anzeige“ zu deklarieren.

Pflicht zur Gegendarstellung Wird in einem Presseerzeugnis eine bestimmte Tatsache behauptet, so kann der Betroffene eine Gegendarstellung verlangen. Dabei ist es unerheblich, ob die Gegendarstellung der Wahrheit entspricht. Die Gegendarstellung ist nur bei der Berichterstattung über behauptete Tatsachen möglich. Eine Gegendarstellung zu einer redaktionellen Meinung oder einem Werturteil ist grundsätzlich nicht möglich.

Beispiel

Die Münchner Zeitung „tz“ hatte über den Fußballspieler der Nationalmannschaft Sebastian Schweinsteiger behauptet, er sei in einen Wettskandal um Fußballwetten verwickelt. Zu der Behauptung musste die Zeitung in den darauf folgenden Tagen eine Gegendarstellung des Fußballspielers abdrucken (vgl. www.sternshortnews.de, 17.03.06).

Die Redaktion kann der Gegendarstellung den sog. „Redaktionsschwanz“ anbringen, der z. B. lautet:

> Der Verlag ist gem. § 11 des Landespressegesetzes von Baden-Württemberg verpflichtet, Gegendarstellungen unabhängig vom Wahrheitsgehalt abzudrucken.

Die Gegendarstellung muss deutlich als solche gekennzeichnet sein und darf z. B. nicht mit Leserbriefen gemischt werden. Weigert sich eine Zeitung, eine Gegendarstellung abzudrucken, so kann diese auf dem ordentlichen Rechtsweg erwirkt werden.

7.5 Presserechtliche Anforderungen an die journalistische Arbeit

Zu einer der Kernkompetenzen der journalistischen Arbeit zählt das Recherchieren von Inhalten und Quellen. Auch bei der Recherche müssen die presserechtlichen Bestimmungen beachtet werden.

Abhören und Mitschneiden von Gesprächen So gehört es zwar zum Alltag einiger investigativ arbeitender Journalisten, Telefongespräche mit zu schneiden. Dies ist jedoch verboten (Art. 10 Grundgesetz, Fernmeldegeheimnis). Das unerlaubte Mitschneiden eines Telefongespräches oder eines anderen privaten Gespräches mit Aufzeichnungsgeräten stellt nach § 201 des Strafgesetzbuches (StGB) eine Straftat dar.

§ 201 StGB
Verletzung der Vertraulichkeit des Wortes

(1) Mit Freiheitsstrafe bis zu 3 Jahren oder mit Geldstrafe wird bestraft, wer unbefugt

1. das nichtöffentlich gesprochene Wort eines anderen auf einen Tonträger aufnimmt oder
2. eine so hergestellte Aufnahme gebraucht oder einem Dritten zugänglich macht.

(2) Ebenso wird bestraft, wer unbefugt

1. das nicht zu seiner Kenntnis bestimmte nichtöffentlich gesprochene Wort eines anderen mit einem Abhörgerät abhört oder
2. das nach Absatz 1 Nr. 1 aufgenommene oder nach Absatz 2 Nr. 1 abgehörte nichtöffentlich gesprochene Wort eines anderen im Wortlaut oder seinem wesentlichen Inhalt nach öffentlich mitteilt.

Die Tat nach Satz 1 Nr. 2 ist nur strafbar, wenn die öffentliche Mitteilung geeignet ist, berechtigte Interessen eines anderen zu beeinträchtigen. Sie ist nicht rechtswidrig, wenn die öffentliche Mitteilung zur Wahrnehmung überragender öffentlicher Interessen gemacht wird.

Rechtlich vertretbar ist das unerlaubte Mitschneiden nur, wenn sich Missstände von überragendem öffentlichem Interesse nicht anders dokumentieren lassen (z. B. ein Politik- oder Wirtschaftskandal).

Bei der **Verwendung von Fotos von Personen** muss vor Abdruck deren Erlaubnis eingeholt werden.

§ 22 Kunsturhebergesetz
Recht am eigenen Bilde

Bildnisse dürfen nur mit Einwilligung des Abgebildeten verbreitet oder öffentlich zur Schau gestellt werden. Die Einwilligung gilt im Zweifel als erteilt, wenn der Abgebildete dafür, dass er sich abbilden ließ, eine Entlohnung erhielt. Nach dem Tode des Abgebildeten bedarf es bis zum Ablaufe von 10 Jahren der Einwilligung der Angehörigen des Abgebildeten. Angehörige im Sinne dieses Gesetzes sind der überlebende Ehegatte oder Lebenspartner und die Kinder des Abgebildeten und, wenn weder ein Ehegatte oder Lebenspartner noch Kinder vorhanden sind, die Eltern des Abgebildeten.

Jedoch muss nicht bei jedem Bild, auf dem Personen abgebildet sind, vor der Veröffentlichung um deren Erlaubnis gefragt werden. Hierzu gibt es nach dem Kunsturhebergesetz (KUG) folgende Ausnahmen:

§ 23 Kunsturhebergesetz
Ausnahmen zu § 22

(1) Ohne die nach § 22 erforderliche Einwilligung dürfen verbreitet und zur Schau gestellt werden:

- Bildnisse aus dem Bereiche der Zeitgeschichte;
- Bilder, auf denen die Personen nur als Beiwerk neben einer Landschaft oder sonstigen Örtlichkeit erscheinen;

- Bilder von Versammlungen, Aufzügen und ähnlichen Vorgängen, an denen die dargestellten Personen teilgenommen haben;
- Bildnisse, die nicht auf Bestellung angefertigt sind, sofern die Verbreitung oder Schaustellung einem höheren Interesse der Kunst dient.

(2) Die Befugnis erstreckt sich jedoch nicht auf eine Verbreitung und Schaustellung, durch die ein berechtigtes Interesse des Abgebildeten oder, falls dieser verstorben ist, seiner Angehörigen verletzt wird.

Wird jemand unerwünscht fotografiert, so hat er ein Notwehrrecht, wenn er befürchten muss, dass die Fotos anschließend veröffentlicht werden. Er kann beispielsweise die sofortige Vernichtung oder Herausgabe des Filmes verlangen.

Allerdings dürfen Bilder von **Personen der Zeitgeschichte** (§ 23 (1) KUG) gemacht werden. Hier muss zwischen absoluten und relativen Personen der Zeitgeschichte unterschieden werden. Absolute Personen sind Menschen, die regelmäßig im Rampenlicht stehen (z. B. Staatsoberhäupter, Spitzensportler oder Angehörige des Hochadels). Von diesen Personen dürfen bei nahezu allen Anlässen Fotos gemacht werden. Jedoch gilt auch hier, dass die Intimsphäre geschützt bleiben muss. Zu relativen Personen der Zeitgeschichte gehören Menschen, die aufgrund eines aktuellen Ereignisses im Interesse der Öffentlichkeit stehen. Von ihnen dürfen einwilligungsfrei nur Fotos veröffentlicht werden, die im Bezug zu dem jeweiligen Ereignis stehen.

Beispiel

Die Bundeskanzlerin ist eine absolute Person der Zeitgeschichte. Von ihr dürfen Fotos ohne Einwilligung veröffentlicht werden, wenn sie z. B. in einem öffentlichen Park spazieren geht. Der Bürgermeister einer Kleinstadt ist eine relative Person der Zeitgeschichte, von ihm dürfen nur Fotos ohne Einwilligung veröffentlicht werden, die direkt mit seiner Tätigkeit als Bürgermeister in Bezug stehen. (z. B. wenn er eine Rede hält).

7.6 Folgen von Rechtsverletzungen bei der Pressearbeit

Neben der Gegendarstellung gibt es noch weitere Rechtsfolgen, die aus einer Rechtsverletzung bei der Berichterstattung resultieren können.

Werden in einem Presseerzeugnis unwahre Tatsachen (z. B. Verleumdung) verbreitet, so kann der Betroffene nach § 1004 BGB **Unterlassung** verlangen.

§ 1004 BGB
Beseitigungs- und Unterlassungsanspruch

(1) Wird das Eigentum in anderer Weise als durch Entziehung oder Vorenthaltung des Besitzes beeinträchtigt, so kann der Eigentümer von dem Störer die Beseitigung der Beeinträchtigung verlangen. Sind weitere Beeinträchtigungen zu besorgen, so kann der Eigentümer auf Unterlassung klagen.

(…)

Dies hat zur Folge, dass der entsprechende Verlag sich verpflichten muss, die gemachte Aussage nicht mehr zu wiederholen und zu verbreiten. Um sicherzustellen, dass der Verlag sich an die Unterlassungserklärung hält, muss er eine **Unterlassungserklärung** abgeben. Hat ein Betroffener zu befürchten, dass eine unwahre Tatsache in einem Presseerzeugnis gemacht wird, so kann er auch im Voraus eine Unterlassungserklärung verlangen (bei einer sog. Erstbegehungsgefahr). In der Unterlassungserklärung kann eine Vertragsstrafe festgelegt sein, die der Verlag bei Bruch der Unterlassung zu zahlen hat.

Mit dem Instrument der Unterlassungserklärung will der Gesetzgeber die Wiederholungsgefahr eindämmen. Eine Unterlassungserklärung kann folgendermaßen formuliert werden:

Beispiel

Hiermit verpflichtet sich die Klatsch-Zeitung gegenüber XY (Abmahner), künftig bei Meidung einer, nach billigem Ermessen festzusetzenden, im Streitfall von der zuständigen Gerichtsbarkeit zu überprüfenden Vertragsstrafe, es zu unterlassen, in sämtlichen Ausgaben der Klatsch-Zeitungen zu behaupten, XY sei bankrott.

Nichtaufrechterhaltung einer Behauptung Wird in einem Presseerzeugnis eine Behauptung aufgestellt, die aber weder als falsch noch als richtig bewiesen werden kann (etwa indem Recherchearbeiten im Sand verlaufen), so kann der Betroffene zumindest verlangen, dass der Verlag erklärt, dass die Behauptung mangels Beweisen nicht länger aufrechterhalten wird.

Berichtigung: Richtigstellung und Widerruf Wird von der Presse eine Tatsache unwahr dargestellt, so kann der Betroffene Richtigstellung oder Widerruf verlangen. Der Widerruf ist die härtere Form der Berichtigung. Während der Verlag bei der Richtigstellung so tun kann, als wären richtige Tatsachen missverständlich wiedergegeben worden, so ist beim Widerruf eindeutig, dass die berichtete Tatsache völlig falsch dargestellt wurde. Im Gegensatz zur Gegendarstellung, bei der nicht geprüft wird, ob die Gegendarstellung einer wahren Tatsache entspricht, wird bei der Berichtigung zunächst überprüft, ob diese überhaupt begründet ist. Die Berichtigung findet ihre rechtliche Legitimation in dem Beseitigungsanspruch aus § 1004 BGB i.V.m. § 823 BGB.

Beispiel

Die Zeitschrift „Bunte" hatte in der Ausgabe vom 19. März 1992 ein „Exklusivgespräch" mit Prinzessin Caroline von Monaco veröffentlicht. Dieses Exklusivgespräch hatte aber nie stattgefunden. Der Verlag musste das Gespräch widerrufen.

Erweist sich ein zunächst richtiger Bericht im Nachhinein als unzutreffend (z. B. Bericht über einen Tatverdächtigen), so kann der Betroffene später zumindest eine **Klarstellungdes Verlages** verlangen.

Beispiel

Eine Tageszeitung berichtet sehr ausführlich über einen Tatverdächtigen in einem Mordprozess. Der Tatverdächtige wird jedoch mangels Beweisen frei gesprochen. Die Zeitung muss dann auch den Freispruch vermelden (vgl. Urteil des Bundesverfassungsgerichts vom 28. April 1997, Az.: 1 BvR 765/97).

Neben dem Imageverlust kann eine falsche Berichterstattung für einen Verlag, auch sehr teuer werden, da Betroffene nach § 823 BGB ein **Recht auf Schadensersatz** oder auf Schmerzensgeld haben.

Ein Schadensersatzanspruch des Betroffenen besteht dann, wenn er durch die falsche Berichterstattung einen finanziellen Verlust hinnehmen musste, z. B. wenn ein Unternehmen durch die Veröffentlichung keine Aufträge mehr bekommt oder bestehende Aufträge verliert. Aus diesem Grund ist gerade bei Produktvergleichen oder -kritiken äußerste Vorsicht geboten, da hier ein falscher Bericht schnell zu hohen Schadensersatzforderungen führen kann.

Ein **Schmerzensgeldanspruch** besteht, wenn ein Persönlichkeitsrecht gravierend verletzt wird. Voraussetzung hierfür ist, dass der Verlag seine Pflichten grob schuldhaft verletzt hat. Zudem besteht der Anspruch auf Schmerzensgeld nur, wenn eine Berichtigung seitens des Verlages zu Wiedergutmachung nicht als ausreichend empfunden wird. Dies kann z. B. der Fall sein, wenn ein Verlag seine Pflichten wissentlich grob verletzt hat (z. B. absichtliche Behauptung falscher Tatsachen zum Zweck der Auflagensteigerung). Das Schmerzensgeld soll eine Abschreckungswirkung auf die sog. „Revolverblätter" haben, die für eine auflagenstarke Schlagzeile gerne einmal die presserechtlichen Pflichten vernachlässigen.

Lernkontrolle zu Kap. 7

Beurteilen Sie bitte die folgenden Fälle:

1. Der Polizeipräsident einer Großstadt hält in einem Lokal regelmäßig informelle Pressegespräche über städtische Polizeiangelegenheiten ab. Von allen Medien, die über

Berlin berichten, wird jeweils ein Vertreter eingeladen. Der „Tagesanzeiger" wird allerdings nicht eingeladen, da er öfters kritisch über die Polizeiarbeit berichtet. Der Polizeipräsident begründet dies damit, dass es sich um eine informelle, quasi private Veranstaltung handele.

2. Die Boulevardzeitung XY kommt mit der Schlagzeile über den Schauspieler Harry X: „Harry X lebt in Scheidung!". Die Behauptung basiert nur auf Gerüchten. Was kann Harry X unternehmen?
3. Ein Paparazzo fotografiert Boris Becker beim Einkaufen in der Fußgängerzone. Darf das Bild veröffentlicht werden?
4. Sie werden auf einer Demo fotografiert. Darf das Bild veröffentlicht werden?
5. Sie werden im Garten von einem Paparazzo fotografiert. Darf das Bild veröffentlicht werden?

8 Lösungen zu den Lernkontrollen

8.1 Kapitel 1

1) a) Hans B. kann den Vertrag anfechten, da er bei Abgabe seiner Willenserklärung über deren Inhalt im Irrtum war (§ 119 BGB).
   b) Die Paper AG kann für den Schaden, der durch die irrtümliche Willenserklärung des Hans B. entstand, Ersatz fordern (§ 122 BGB).
2) Die Webagentur kann den Vertrag über § 120 BGB anfechten.
3) Eine Anfechtung wegen Irrtums ist nicht möglich, da dieser Anspruch für den sog. Motivirrtum ausgeschlossen ist.
4) Kostenvoranschläge dürfen nicht mit Festpreisangeboten verwechselt werden. Ein Kostenvoranschlag ist eine Aufstellung der voraussichtlichen Kosten. Wird für den Unternehmer während der Erstellung des Werkes erkennbar, dass die Kosten im Voranschlag zu niedrig angesetzt wurden, muss er den Besteller unverzüglich darauf hinweisen. Dem Besteller obliegt es dann, ob er die Mehrkosten übernimmt oder ob eine einfachere Lösung zur Vollendung des Werkes angewendet werden soll. Der Besteller kann aus diesem Grund den Vertrag auch kündigen, er hat dann dem Unternehmer, den geleisteten Teil der Arbeit zu vergüten.
5) a) Das Papier hat nicht die übliche Beschaffenheit, somit handelt es sich um einen Mangel i. S. d. § 434 BGB. Meier kann von der Paper-Handels AG Neulieferung fordern.
   b) Für Gewerbetreibende gilt, dass sie die Ware sofort bei Anlieferung auf Mängel hin untersuchen müssen (§ 377 HGB), da sonst die Gewährleistungsrechte verfallen.
6) Das Werk hat nicht die vereinbarte Beschaffenheit. U kann von XY Nacherfüllung fordern, die innerhalb einer bestimmten Frist zu erfolgen hat.
7) Zunächst muss geprüft werden, ob die Rechnung bereits fällig geworden ist, d. h. der Zahlungstermin muss eingetreten und überschritten worden sein. Die Werbefirma

C. Kaesler, *Recht für Medienberufe*,
DOI 10.1007/978-3-658-14200-1_8

muss eine Mahnung schicken, damit die Waren AG in den Zahlungsverzug gesetzt wird. Wird keine Mahnung geschickt, so kommt die Waren AG 30 Tage nach Fälligkeit und Zugang der Rechnung in Verzug. Handelt es sich bei der Waren AG um einen Hauptkunden, so sollte die Werbefirma behutsam vorgehen, d. h. zunächst eine Zahlungserinnerung schicken.

8.2 Kapitel 2

1) Mollet ist der Urheber des Bildes. Trotz des Verkaufs des Bildes behält Mollet die Verwertungsrechte, in diesem Falle insbesondere das Vervielfältigungsrecht (§ 16 UrhG).
2) Schneider ist der rechtliche Eigentümer des Bildes. Mollet hat jedoch weiterhin als Urheber die Verwertungsrechte an dem Bild. Er kann die Vermietung des Bildes untersagen (§ 17 (2) UrhG).
3) Mollet hat als Urheber die Verwertungsrechte an dem Bild. Die Vermietung wäre eine Verwendung des Werkes, da dadurch ein wirtschaftliches Verwertungsrecht berührt wird. Ist das Bild einmal in die Öffentlichkeit gelangt (hier durch den Verkauf), so kann es weiter verbreitet werden (hier durch den Verleih) (§ 17 (2) UrhG).
4) Der Fotograf hat der Umweltorganisation ein einfaches Nutzungsrecht zur Verwendung der Bilder in einem Kalender eingeräumt. Die Organisation darf deshalb die Bilder nicht auch noch auf ihrer Homepage verwenden. Der Fotograf hat nach § 97 UrhG einen Anspruch auf Unterlassung und Schadensersatz. Dem Fotografen wird es wahrscheinlich weniger um die Unterlassung, als um den Ersatz des Schadens, also um die entgangene Lizenzgebühr gehen.
5) Nach § 52a UrhG ist es zulässig, kleine Teile eines Werkes zur Veranschaulichung an nicht-gewerblichen Bildungseinrichtungen zu verwenden.
6) Das Einstellen der Software auf dem Server stellt eine unerlaubte Vervielfältigung des Grafikprogramms dar. Der Softwarehersteller hat Anspruch auf Unterlassung und Schadenersatz.
7) Sind Computerprogramme durch einen Kopierschutz gesichert, dann darf von diesen auch keine Sicherheitskopie erstellt werden (§ 95a UrhG). Bennos Verhalten ist somit rechtswidrig.
8) Carlo kann das Layout seiner Homepage als Geschmacksmuster schützen lassen.

8.3 Kapitel 3

1) Da die Farbe des Getränkes durch die Art der Ware (Orangensaft) selbst bestimmt ist, ist ein Eintrag als Marke nicht möglich (§ 3 MarkenG). Zudem fehlt dem Getränk mit der Farbe jegliche Unterscheidungskraft von Orangensaftgetränken anderer Hersteller (§ 8 (2) MarkenG).

2) Dreidimensionale Gestaltungen können als Marke geschützt werden (§ 3 (1) MarkenG).
3) Die Markenfähigkeit der Bezeichnung „der Schreibtisch" für die Modellreihe ist zweifelhaft, da sie lediglich die Produktbeschreibung ist und keine grundlegende Unterscheidungskraft bietet (§ 8 (2) Nr. 2 MarkenG).
4) Der Duftstoff ist nach der gegenwärtigen Rechtsprechung (noch) nicht markenfähig.

8.4 Kapitel 4

1) Der Discounter Mini-Price hätte bei einem derartig guten Angebot damit rechnen müssen, dass die Nachfrage sehr groß sein wird. Da nur so wenige PCs angeboten wurden, dass sie bereits nach drei Stunden ausverkauft sind, lässt darauf schließen, dass es sich um ein Lockvogelangebot gehandelt hat, womit nach § 5 (5) UWG irreführende Werbung vorliegt. Somit besteht ein Verstoß gegen das UWG.
2) Da die Ware als Restposten deklariert ist, liegt kein Lockvogelangebot vor. Das Angebot ist damit erlaubt.
3) Es handelt sich um vergleichende Werbung, da der Konkurrent genannt wird (§ 6 (1) UWG). Durch die Angabe „Konkurrent in der Weststadt" können die Konsumenten leicht auf einen bestimmten Anbieter schließen. Diese Werbung ist jedoch unlauter, da sie den Konkurrenten herabsetzt (§ 6 (2) Nr. 5 UWG).
4) Nach § 7 (2) UWG ist sind Werbesendungen als unlauter zu betrachten, wenn erkennbar ist, dass der Empfänger diese Werbung nicht wünscht.
5) Das Anbieten von Ware zum Nettopreis ist ein Verstoß gegen § 1 PreisangabenVO, wenn sich das Angebot an Endverbraucher richtet, oder zumindest der Anbieter damit rechnen muss, das Endverbraucher durch das Angebot zum Kauf bewogen werden können.
6) Nach § 4 Nr. 3 UWG handelt es sich um Wettbewerbshandlung, deren Werbecharakter verschleiert ist. Sie ist somit unlauter!

8.5 Kapitel 5

1) Der Reisekonzern TUI hat gegen das Reisebüro aufgrund § 12 BGB oder aber auch über das Markenrecht (§ 14 MarkenG) Recht auf Unterlassung und evtl. Schadensersatz.
2) Grundsätzlich gilt für die Registrierung von Domains das Prinzip „first-come, first-served". Nur wenn ein allgemeines öffentliches Interesse besteht, dass der größere Interessent im Internet schnell auffindbar ist, kann das Prinzip durchbrochen werden. In diesem Fall ist nicht von solch einem überragenden Interesse aus zu gehen, weshalb der Kleinbäcker die Adresse behalten darf.
3) Das Verteidigungsministerium kann aufgrund § 12 BGB auf Unterlassung klagen.
4) Diese Art des Domain-Grabbing ist nach § 3 UWG verboten.

5) Die Verwendung von Gattungsbegriffen als Domain kann irreführend auf die Verbraucher wirken und damit einen Verstoß gegen §§ 3,4 UWG darstellen. Das BGH hat in einem Grundsatzurteil festgestellt, dass nur dann es zu einer verbotenen Alleinstellungswerbung kommt, wenn sämtliche Varianten eines bestimmten Begriffes als Domain dazu verwendet werden, die Kundenströme zu kanalisieren.
6) Dies ist ein Verstoß gegen § 14 MarkenG. Die anderen Hersteller haben einen Unterlassungs- und Schadensersatzanspruch.
7) Der Download der Bilder stellt eine Vervielfältigung dar. Die Verwendung für eigene private Zwecke (§ 53 UrhG) wäre erlaubt, nicht aber die gewerbliche Verwendung im Münzhandel.
8) Grundsätzlich unterliegen Internetseiten nicht dem Urheberrechtsschutz. Nur für die einzelnen Bilder und Texte auf der Seite ist ein urheberrechtlicher Schutz gegeben. Ein Schutz von Internetseiten ist jedoch über das Geschmacksmustergesetz möglich.
9) Das Bereitstellen des Songs auf der Internetseite zum Download stellt eine rechtswidrige Verbreitung dar und ist ein Verstoß gegen das Urheberrecht.
10) Die Verbreitung verfassungsfeindlicher Inhalte über das Internet ist strafbar. Eine Verbreitung stellt auch das Setzen von Links zu diesen Inhalten auf der eigenen Seite. Content-Provider haften immer für ihre Inhalte. Ein Disclaimer würde in diesem Falle nicht von der Haftung entbinden.
11) a) Tom kann die Willenserklärung widerrufen (§ 119 BGB).
    b) Da hier ein Verbrauchgüterkauf vorliegt, haftet der Verkäufer bis zu dem Zeitpunkt, an dem der Käufer die Ware in Empfang nimmt.
12) Das Angebot verstößt gegen die Preisangabenverordnung. Besteht die Möglichkeit, dass Endverbraucher das Angebot nutzen möchten, müssen die Preise immer als Bruttopreise ausgewiesen werden.
13) Vergleichende Werbung muss objektiv richtig und nachprüfbar. Da das Leistungspaket nicht angegeben ist, handelt es sich um einen Verstoß gegen § 6 UWG.

8.6 Kapitel 6

1) Sind die Daten anonymisiert, steht einer Weitergabe zur Nutzung wie in diesem Falle nichts entgegen.
2) Nach § 28 BDSG kann ein Unternehmen für die Erfüllung der eigenen Geschäftszwecke die Daten nutzen.

8.7 Kapitel 7

1) Behörden sind verpflichtet, der Presse Auskunft zu geben. Die Auskünfte werden von dem Behördenleiter oder einer von ihm bestellten Person erteilt. Der Polizeipräsiden hat in diesem Falle gegenüber dem Tagesanzeiger keinen offiziellen Verweigerungsgrund. Die Begründung, dass es sich um eine „informelle, quasi private Veranstaltung“ handelt, ist unzutreffend, da er schließlich in seiner Funktion als Behördenleiter fungiert (§ 4 LPresseG).
2) Harry X kann zunächst eine Gegendarstellung verlangen. Ist die Behauptung der XY-Zeitung nachweislich unwahr, so hat Harry einen Anspruch auf Richtigstellung oder Widerruf. Zudem kann er eine Unterlassungserklärung einfordern. Weiterhin wären auch Schadensersatz und Schmerzensgeld möglich.
3) Da es sich bei Boris Becker um eine absolute Person der Zeitgeschichte handelt, dürfen von ihm Fotos gemacht werden, sofern Sie seine Privatsphäre nicht zu sehr beeinträchtigen. Der Einkaufsbummel in der Fußgängerzone stellt noch nicht diese Privatsphäre dar. Das Foto darf damit veröffentlicht werden.
4) Das Recht am eigenen Bild gilt nicht, wenn es sich um Bilder von Versammlungen etc. handelt (§ 23 Kunsturhebergesetz).
5) Hier greift das Recht am eigenen Bild. Das Bild darf nur mit Ihrer Einwilligung veröffentlicht werden.

Sachverzeichnis

C. Kaesler, *Recht für Medienberufe*,
DOI 10.1007/978-3-658-14200-1